ヒギンズさんが撮った
東京急行電鉄
コダクロームで撮った1950～70年代の沿線風景

写真：J.Wally Higgins　　所蔵：NPO法人名古屋レール・アーカイブス

解説：安藤 功

JN096464

◎クハ3852　二子玉川園～二子新地前　1958 (昭和33) 年9月28日

昭和30 〜 40年代の東京横浜電鉄

　昭和30 〜 40年代の東京横浜電鉄はまさに飛躍の時代だった。軽量高性能車の5000系登場をはじめ、5200系からのセミステンレス車、7000系からのオールステンレス車に地下鉄日比谷線乗り入れ、新玉川線用に計画された8000系、半蔵門線乗り入れ対応の8500系、そして渋谷駅大改良工事、田園都市線延伸に伴う二子玉川園〜溝ノ口の二子橋梁を含む高架化、多摩田園都市計画による溝の口〜すずかけ台延伸などと、ビッグプロジェクトが続いた。一方で、新玉川線工事に伴う玉川線廃止もあった。

　ヒギンズさんはTram中心の撮影もあって、玉川線を中心に写真を多く残されている。

中目黒を通過する急行桜木町行き。
◎デハ5020　中目黒　1956（昭和31）年7月28日

東京急行電鉄の沿線地図 （文・生田 誠）　建設省国土地理院「1/25000地形図」

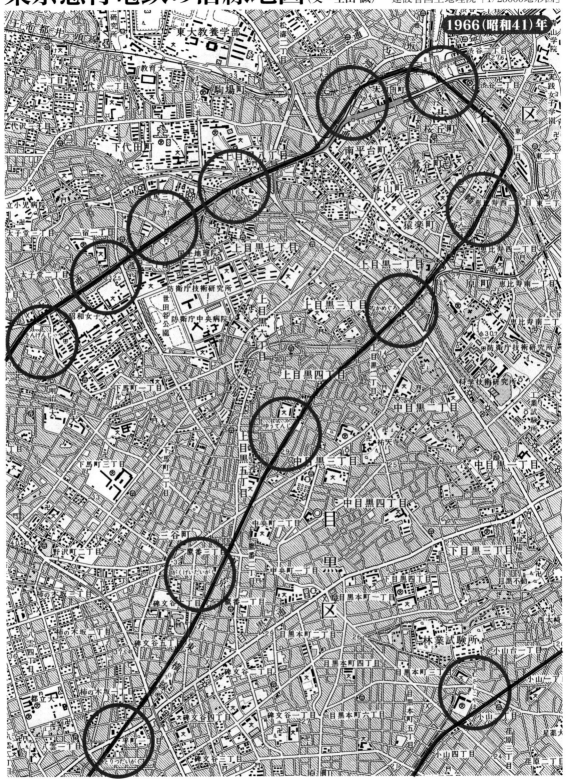

渋谷駅を出た東横線は、まずは山手線の内側を進み、並木橋付近で国鉄の線路を越えて、代官山駅に至る。この代官山
駅周辺は高級住宅地であり、戦前からモダンな同潤会アパートメントがあることでも知られていた。この先では目黒川
を越えて、中目黒駅にやってくる。当然のことながら、このあたりの駅間は短く、代官山〜中目黒間は0.7キロである。
続く先には学芸大学駅、都立大学駅という2つの大学を駅名に含む中間駅が存在している。

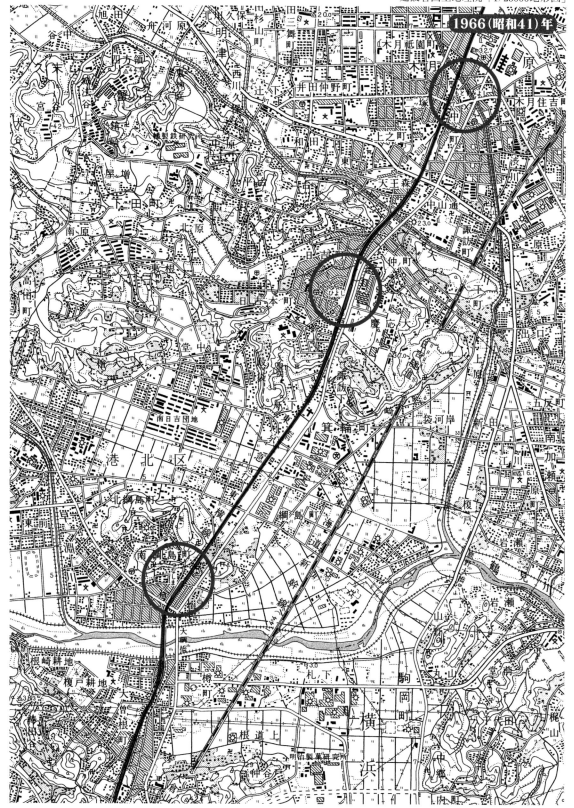

1966（昭和41）年

東京〜横浜間を結ぶ鉄道は、東海道本線、東海道新幹線、京急本線とともにこの東横線があるが、内陸側を走る新幹線と東横線はこのあたりではほぼ並行して走っている。日吉駅付近では両線の間に慶應義塾大学のキャンパスが存在し、新幹線の方は日吉隧道の地下区間になっている。駅の西側は扇状に広がる分譲地であった。次の綱島駅を過ぎると、鶴見川を渡ることとなる。このあたりは横浜市港北区で、1939（昭和14）年に神奈川区から分区して成立している。

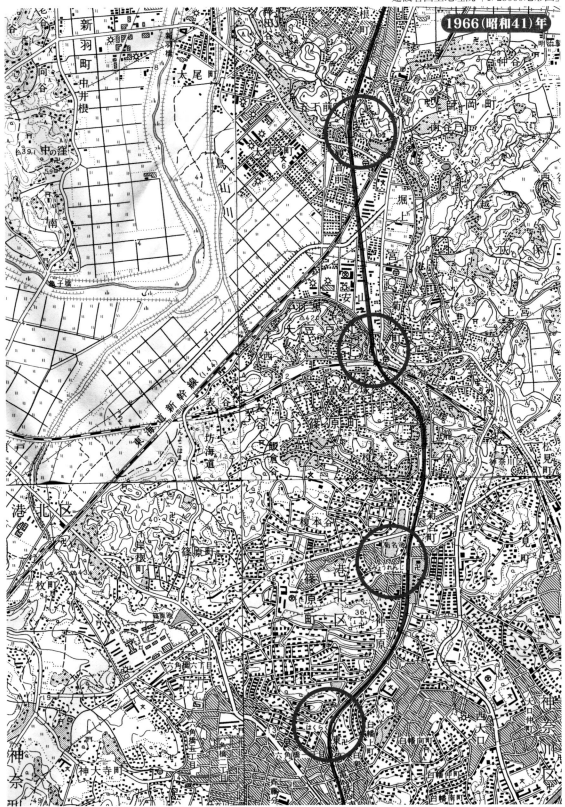

大倉山駅を過ぎたあたりで、東横線は東海道新幹線の線路を越えてゆく。次は横浜線との接続駅である菊名駅。横浜線では、新幹線の現・のぞみ停車駅となっている新横浜駅の隣駅である。そのまま南に進んでゆくと妙蓮寺駅、白楽駅が続く。白楽駅の南西に見える地名の六角橋は、昭和の面影を色濃く残す商店街の存在で知られている。その先には東白楽駅がある。この駅は開業当初は地上駅で、戦前の早い段階で高架駅となっている。

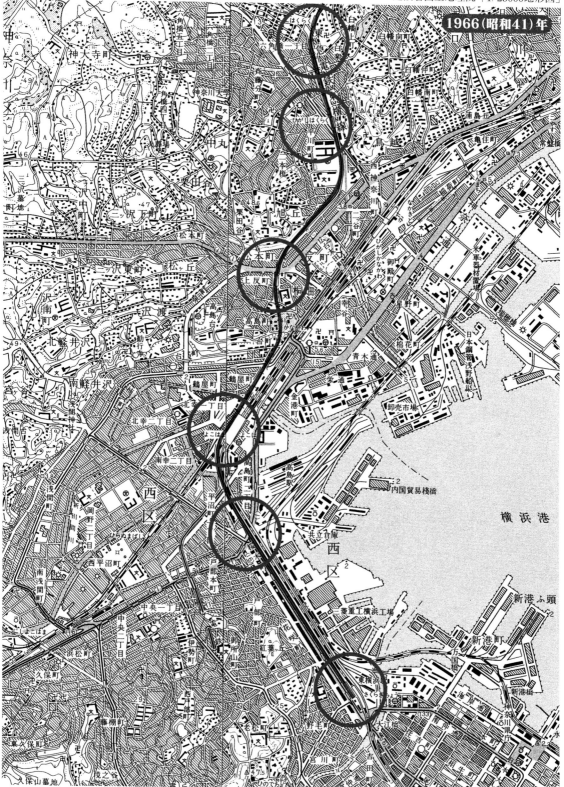

南に進む東横線は東海道本線と寄り添う形で横浜駅に至るが、その途中で、京急本線には神奈川駅が置かれている。現在は置かれていないが、かつては東海道本線、東横線にも神奈川駅が存在していた。東横線は1928（昭和3）年5月に神奈川～高島（町）間が延伸したものの、このときはまだ東海道本線の現・横浜駅（三代目）は開業しておらず、同年10月に移転してきた。さらに1932（昭和7）年に高島町～桜木町間が延伸して、東横線は全通し、現在は横浜～桜木町間がみなとみらい線と変わっている。

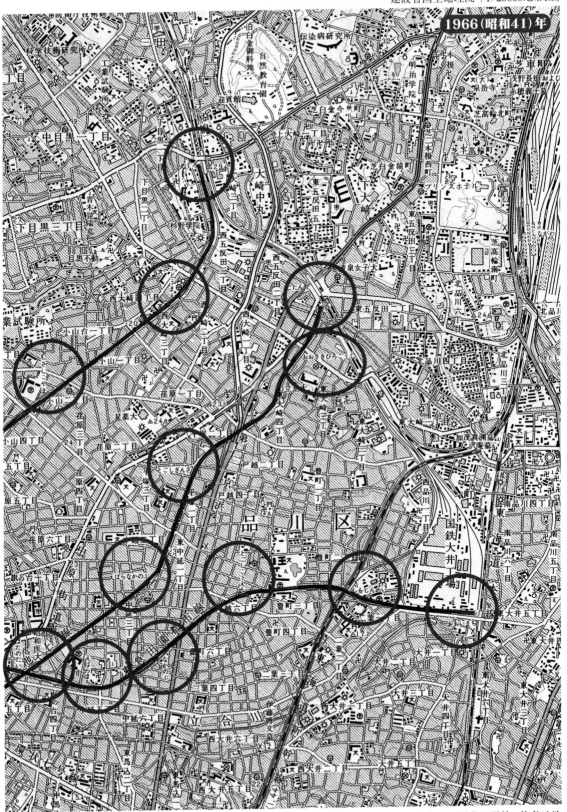

山手線の目黒駅からは目蒲（現・目黒）線、五反田駅からは池上線が出発する形である。前者は目黒蒲田電鉄、後者は池上電気鉄道からスタートした歴史のある路線である。目蒲線は不動前駅、武蔵小山駅と進んでゆくが、不動前駅は目黒の地名の由来となった目黒不動尊（龍泉寺）の最寄り駅となっている。一方の池上線には大崎広小路駅、戸越銀座駅、荏原中延駅、旗の台駅が置かれている。この旗の台駅では田園都市（現・大井町）線と接続している。

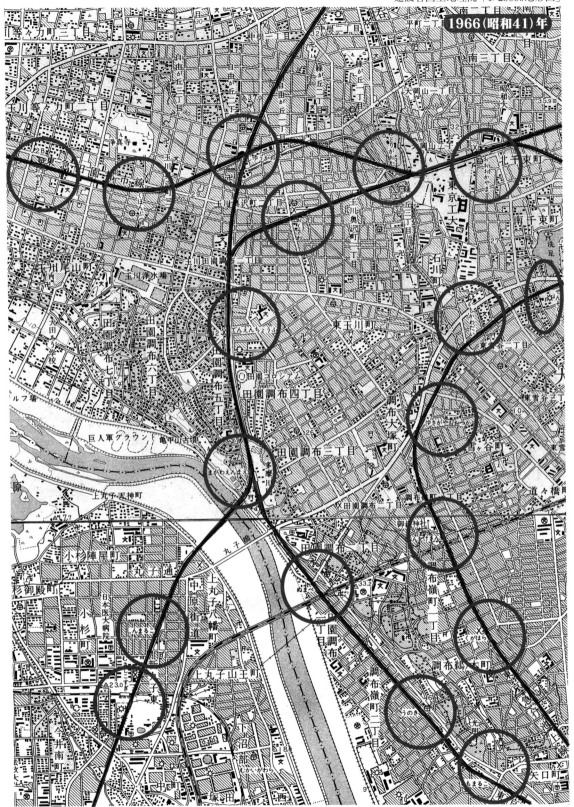

多摩川を挟んだ東京側の大岡山、自由が丘、田園調布周辺と、神奈川側の新丸子、武蔵小杉周辺の地図である。東京側では、東急は戦前から東横線、目蒲（現・目黒、東急多摩川）線、田園都市（現・大井町）線、池上線といった路線を張り巡らせて、各駅の周辺で住宅地を開発、分譲していた。一方、神奈川側は、現在はタワーマンションの人気の高い武蔵小杉駅付近が再開発前で、工場用地となっていた。

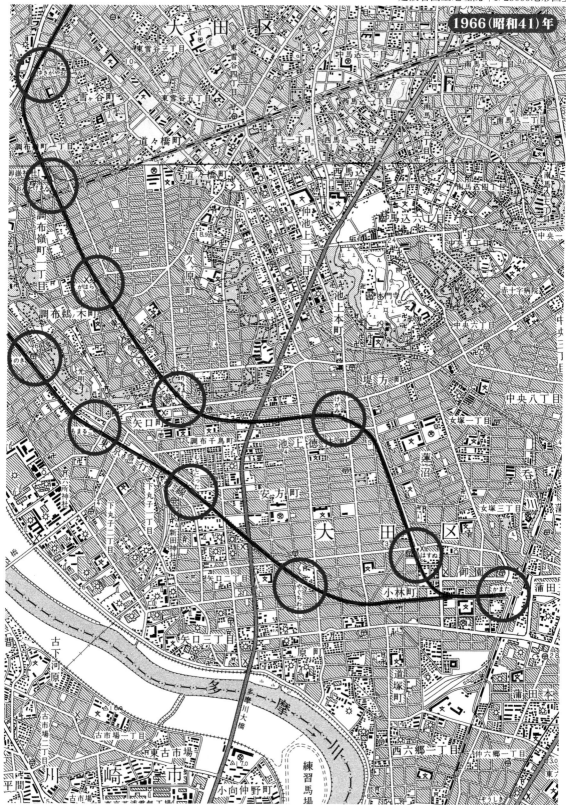

東海道本線の蒲田駅からは、目蒲（現・東急多摩川、目黒）線と池上線が北西に延びている。2つの路線は池上線が1922（大正11）年、目蒲線が1923（大正12）年と、ほぼ同時期に一部の路線が開業しており、当初はライバル関係にあった。池上線には日蓮宗の大本山、池上本門寺が存在し、参詣客を運ぶ路線という性格もあった。一方、目蒲線には南北朝時代の合戦にまつわる歴史の地、矢口渡と新田神社がある。池上線の久が原駅周辺は、高級住宅地として有名である。

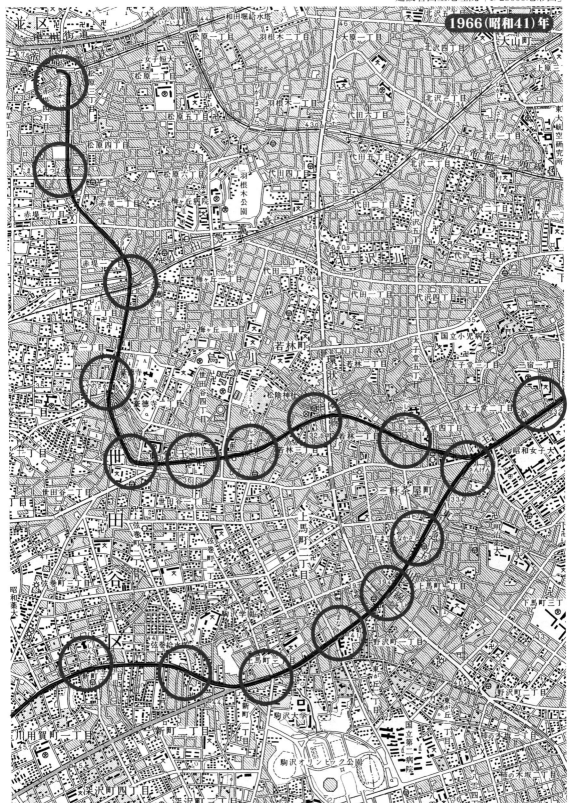

玉川通り（国道246号）沿いに、渋谷駅を始発駅とする東急玉川線が延びている。もともとは路面電車の玉川電気鉄道（玉電、後の東急玉川線）という存在があり、1977（昭和52）年に渋谷〜二子玉川園間が新玉川線として開業した。三軒茶屋駅からは、かつて玉川線の支線だった世田谷線が延びている。駒沢大学駅の南側には、駅名の由来となった駒沢大学のキャンパスが存在しているが、この駅は玉電時代の駒沢電停ではなく、真中電停付近に置かれている。

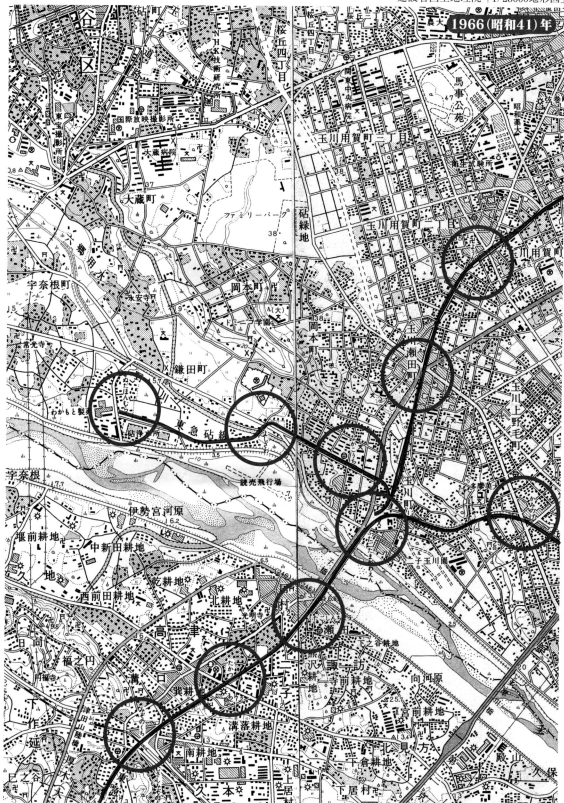

1966（昭和41）年

現在は田園都市線となっている用賀駅、二子玉川園駅、二子新地前駅、高津駅、溝の口駅。この頃は新玉川線と（旧）大井町線に分かれており、二子玉川園駅で連絡していた。現・二子玉川駅は、玉川遊園地（後に二子玉川園）という名の遊園地が駅名の由来となっている。また、多摩川を渡った現・二子新地駅附近には歓楽街（三業地）の二子新地があったことが、駅の名称の由来となっている。溝の口駅では、南武線の武蔵溝ノ口駅と連絡している。

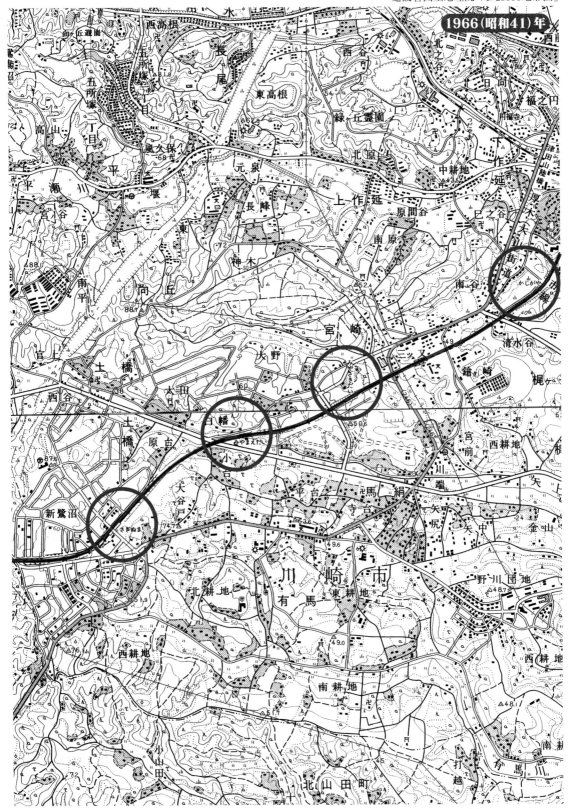

厚木（大山）街道（国道246号）沿いに進む田園都市線には、梶が谷駅、宮崎台駅、宮前平駅、鷺沼駅が置かれている。この区間は1966（昭和41）年に開業しており、当時の終着駅は長津田駅だった。このあたりは1972（昭和47）年に川崎市の高津区となったが、1982（昭和57）年に宮前区が分区している。1968（昭和43）年には東西交通の大動脈である東名高速道路の東京IC〜厚木IC間が開通し、この付近の開発が加速することとなる。

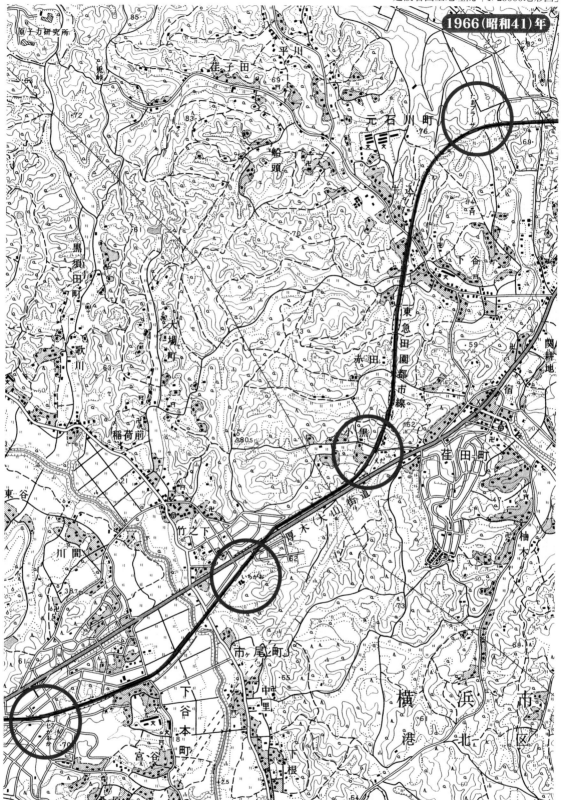

地図の右上には、田園都市線のたまプラーザ駅が置かれている。たまプラーザ駅は1966（昭和41）年に開業しており、江田駅、市が尾駅、藤が丘駅も同時に誕生している。一方、たまプラーザ～江田間には1977（昭和52）年にあざみ野駅が開業することとなる。その後、1993（平成5）年には横浜市営地下鉄3号線（ブルーライン）が延伸して、あざみ野駅は連絡駅となった。このあたりは横浜市青葉区で、1994（平成6）年に港北区と緑区が再編・新設されている。

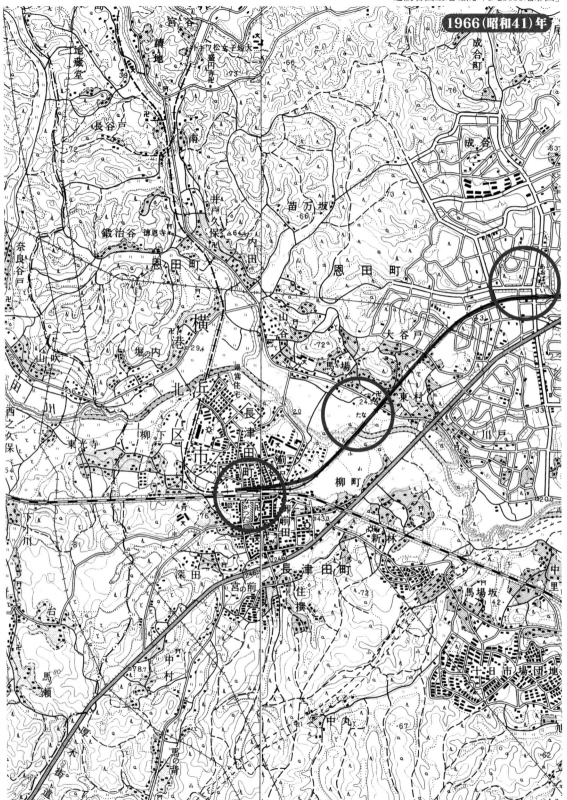

田園都市線には青葉台駅、田奈駅、長津田駅が見えており、この当時は長津田駅が終着駅だった。長津田駅は1908（明治41）年に横浜鉄道（現・JR横浜線）の駅として開業し、1966（昭和41）年に田園都市線との連絡駅となった。この先、つくし野駅まで延伸するのは1968（昭和43）年である。また、この長津田駅からは北側の恩田方面にこどもの国線が延びている。こどもの国線は1967（昭和42）年に開業している。

東京急行電鉄の沿線案内図（所蔵・文：生田 誠）

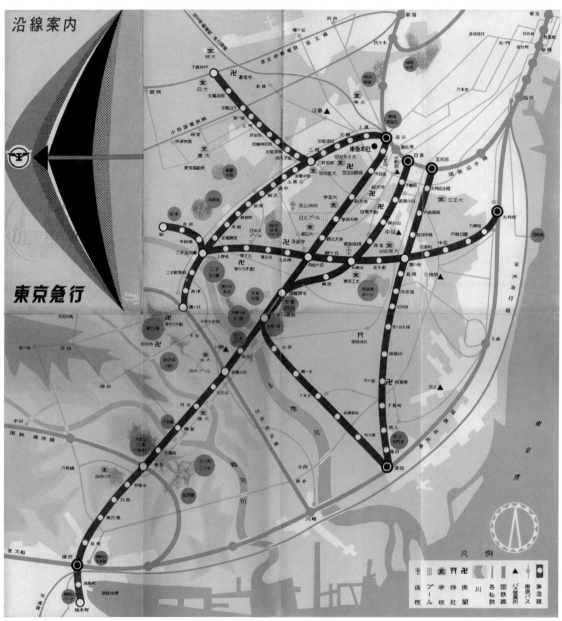

東急には東横線、玉川線（支線を含む）、目蒲線、池上線、大井町線があり、この当時の国鉄線の渋谷駅、目黒駅、五反田駅、大井町駅、蒲田駅、横浜駅などと結ばれていた。北側のエリアには小田急線、京王線、南側には京急線があるが、東京都南西部から神奈川県にかけての広いエリアを私鉄としてほぼ１社で独占していたことがわかる。沿線の行楽地では、二子玉川園と多摩川園という遊園地がまだ営業しており、新丸子駅附近には（多摩川）オリムンピア・球場・スピードウェイが存在していた。

地図の右端、中ほどやや上には東急本店、東横百貨店がある渋谷駅が置かれている。そこから下に各線の始発駅である
目黒駅、五反田駅、大井町駅があり、右下隅に東京駅が見えるユニークな路線図である。下辺に沿って東海道本線が走り、
左下には横浜駅と桜木町駅が存在している。目立つのは多摩川沿いの緑地で、川ノ家・多摩川、リバーサイドコースの
文字が見え、両岸に公園、遊園地、スポーツ施設などが点在している。このほか、大倉山、洗足池、碑文谷公園などが描
かれており、沿線に多くの行楽地があることがわかる。

昭和14年当時の東急各線の時刻表

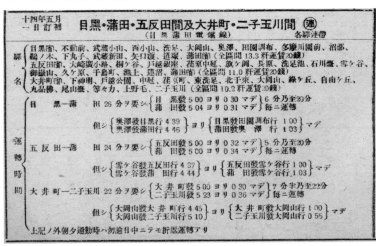

澁谷・櫻木町間 ⊛（東京横濱電鐵線）各驛連帶
十四年四月一日改正

○印ハ急行電車停車驛

櫻木町方面行 初發		終發			粁程	運賃	驛　名	澁谷方面行 初發		終發	
…	5 00	11 30	0 30		0.0 錢	發○澁　谷 省著		4 45	5 43	0 13	…
…	5 01	11 31	0 31		0.6	5	〃 並木橋 〃	4 43	5 41	0 11	…
…	5 02	11 33	0 33		1.5	5	〃 代官山 〃	4 42	5 40	0 09	…
…	5 04	11 34	0 34		2.2	7	〃 中目黑 〃	4 40	5 38	0 08	…
…	5 06	11 36	0 36		3.2	9	〃 祐天寺 〃	4 39	5 37	0 06	…
…	5 08	11 38	0 38		4.2	12	〃 青物横丁等 〃	4 34	5 35	0 04	…
…	5 11	11 40	0 40		5.6	12	〃 府立高校 〃	4 34	5 33	0 02	…
…	5 12	11 42	0 42		7.0	15	〃 自由ケ丘 〃	4 32	5 31	12 00	…
…	5 14	11 44	0 44		8.2	17	〃 田園調布 〃	4 28	5 29	11 58	…
…	5 16	11 46	0 46		9.1	18	〃 多摩川園 〃	4 28	5 27	11 56	…
…	5 18	11 48	0 48		10.3	21	〃 丸子 〃	4 26	5 25	11 54	…
5 00	5 20	11 51	0 51		12.2	23	〃 新丸子 〃	4 24	5 22	11 51	0 21
5 02	5 23	11 53			13.6	26	〃 元住吉 〃	…	5 20	11 49	0 19
5 04	5 25	11 55	…		15.8	28	〃 日吉 〃	…	5 17	11 47	0 16
5 07	5 28	11 58	…		17.5	31	〃 綱島温泉 〃	…	5 15	11 44	0 14
5 09	5 30	12 00	…		18.8	32	〃 大倉山 〃	…	5 13	11 42	0 12
5 11	5 32	0 02			20.3	34	〃 菊名 〃	…	5 10	11 40	0 10
5 13	5 34	0 04			21.5	34	〃 妙蓮寺 〃	…	5 08	11 38	0 09
5 14	5 35	0 05			22.2	36	〃 白樂 〃	…	5 08	11 37	0 07
5 15	5 36	0 05			22.7	36	〃 東白樂 〃	…	5 07	11 36	0 05
5 16	5 37	0 07			23.2	37	〃 新太田町 〃	…	5 06	11 35	0 03
5 17	5 38	0 08			23.7	38	○反神奈川 省	…	5 05	11 34	0 01
5 18	5 39	0 09			24.3	39	〃 横濱 省	…	5 03	11 33	0 03
5 20	5 41	0 11	…		25.0	40	〃 高島町	…	5 02	11 31	0 01
5 22	5 43	0 13	…		26.3	42	著○櫻木町 省發	…	5 00	11 30	12 00

此間下記朝夕混雑時間以外8分乃至15分毎ニ運轉

上記ノ外 { 澁　谷發 8 10 ヨリ 8 45 マデ / 櫻木町發 8 58 ヨリ 9 27 マデ } 8分乃至12分毎ニ（急行）電車運轉

澁　谷—日　　吉 6 40 ヨリ 8 56 } マデ 3分乃至4分毎ニ運轉
澁　谷—田園調布 9 41 ヨリ 10 00 }

玉川電車線 ⊛（東京横濱電鐵線）
十四年一月一日訂補

驛名 {
澁谷、大橋、三軒茶屋、駒澤、用賀、玉川、溝ノ口（全區間 11.3粁 運賃 19錢）
三軒茶屋、下高井戸（全區間 5.2粁 運賃 10錢）
よみうり遊園、きぬた（全區間 2.2粁 運賃 4錢）
}

運轉時間 {
澁　谷—溝ノ口 28分ヲ要シ
｛澁　谷發 4 45 ヨリ 11 45 マデ / 溝ノ口發 5 00 ヨリ 0 15 マデ｝ 5—15分毎ニ運轉
澁　谷—玉　川 23分ヲ要シ
｛澁　谷發 4 45 ヨリ 0 10 マデ / よみうり遊園發 5 05 ヨリ 0 25 マデ｝
澁　谷—下高井戸 23分ヲ要シ
｛澁　谷發 4 53 ヨリ 0 05 マデ / 下高井戸發 5 00 ヨリ 0 30 迄｝
よみうり遊園—きぬた 5分ヲ要シ
｛よみうり遊園發 5 05 ヨリ 11 23 マデ / きぬた發 5 11 ヨリ 11 28 マデ｝
15—20分毎ニ運轉
}

澁谷驛初終發時刻

行　先	初發	終發
溝ノ口	4 45	11 45
下高井戸	4 43	0 05
よみうり遊園	4 45	0 10
きぬた	4 45	10 55

目黑・蒲田・五反田間及大井町・二子玉川間 ⊛（目黑蒲田電鐵線）各驛連帶
十四年五月一日訂補

驛名 {
目黑省、不動前、武藏小山、西小山、洗足、大岡山、奥澤、田園調布、多摩川園前、沼部、鵜ノ木、下丸子、武藏新田、矢口渡、道塚、蒲田省（全區間 13.3粁運賃20錢）
五反田省、大崎廣小路、桐ケ谷、戸越銀座、荏原中延、旗ケ岡、長原、洗足池、石川臺、雪ケ谷、御嶽山、久ケ原、千鳥町、池上、蓮沼、蒲田省（全區間 11.0粁運賃20錢）
大井町省、下神明、戸越公園、中延、荏原町、北千束、大岡山、綠ケ丘、自由ケ丘、九品佛、尾山臺、等々力、上野毛、二子玉川（全區間 10.2粁運賃20錢）
}

運轉時間 {
目　黑—蒲　田 26分ヲ要シ
｛目　黑發 5 00 ヨリ 0 30 マデ / 蒲　田發 5 04 ヨリ 0 31 マデ｝ 6分乃至20分毎ニ運轉
但シ｛奥澤發目黑行 4 39 / 奥澤發蒲田行 4 46｝ヨリ ｛目黑發田園調布行 1 00 / 蒲田發奥　澤行 1 03｝マデ

五反田—蒲　田 24分ヲ要シ
｛五反田發 5 00 ヨリ 0 32 マデ / 蒲　田發 5 00 ヨリ 0 34 マデ｝ 5分乃至20分毎ニ運轉
但シ｛雪ケ谷發五反田行 4 37 / 雪ケ谷發蒲田行 4 44｝ヨリ ｛五反田發雪ケ谷行 1 00 / 蒲　田發雪ケ谷行 1 03｝マデ

大井町—二子玉川 22分ヲ要シ
｛大井町發 5 00 ヨリ 0 30 マデ / 二子玉川發 5 23 ヨリ 0 36 マデ｝ 7分半乃至22分毎ニ運轉
但シ｛大岡山發大井町行 4 45 / 大岡山發二子玉川行 5 10｝ヨリ ｛大井町發大岡山行 1 00 / 二子玉川發大岡山行 0 55｝マデ
}

上記ノ外朝夕通勤時ハ勿論日中ニテモ折返運轉アリ

第1章

東京急行電鉄 鉄道線

鉄道線風景

・東横線

・目蒲線

・池上線

・大井町線

・田園都市線

鉄道線の車両アルバム

東横線

　東横線の原形になる計画は1906（明治39）年、のちに東京市電になる東京電気鉄道の社長であった岡田治衛武ら5名の発起人により、東京・広尾〜横浜・平沼間に電気鉄道の敷設免許を申請したのに始まる。計画は若干見直され、1908（明治41）年に天現寺橋〜平沼間と蒲田への支線の免許が武蔵電気鉄道に下りる。しかし第一次世界大戦の影響で計画は延期、戦後の好景気時に経営陣が入れ替わり立て直

1941（昭和16）年に着工した渋谷駅改良工事は戦時中に中断、1949（昭和24）年から再開され、翌1950（昭和25）年に竣工した。当時は3両編成5面3線、のちに1番ホームが5両編成に延長されている。天井からホームに下がる球形ホヤの電灯が印象的だった。しかし輸送量の伸びについていけず、1961（昭和36）年から大改良工事が実施される。
◎渋谷　1960（昭和35）年8月

しを図っている最中に金融恐慌が起こり、資金調達は容易ではなかった。そのころ田園都市会社が電鉄敷設経営に関して有能な人材を探していたが、そこで推挙されたのが五島慶太氏であった。当時田園都市会社のご意見番だった阪急の創始者小林十三氏の意見から、田園都市開発と分離した鉄道会社目黒蒲田電鉄を先行させ、田園都市開発で得た資金で武蔵電気鉄道を買収、東京横浜電鉄として1926（大正15）年に神奈川線（丸子多摩川～神奈川）が開業、1927（昭和2）年に渋谷線（渋谷～丸子多摩川）が開業し、両線を合わせて東横線が誕生した。

1927（昭和2）年に開業した当時の渋谷駅は1面2線の頭端駅で、玉電天現寺線の架道橋部分がコンコースになり、階段を下りて駅舎があった。駅前広場は宮益坂通りに接し、山手線の土手が6ｍ幅でくり抜かれて、ハチ公口側にあった山手線の駅舎と結ばれていた。開業当時から2階にレストランがあり、のちに1階に開店した東横売店が、東横百貨店の原点になる。その後駅前広場部分に1934（昭和9）年、地上7階地下1階の東横百貨店が竣工する。また東京高速鉄道（現・東京メトロ銀座線）の建設が始まると、百貨店脇から山手線西側に建設された玉電ビルにかけて駅が設けられる。それに伴い玉川線の乗り場もビルに取り込まれるため、天現寺線は駅東口側に切り離され東京市に運行が委託された。駅構内の天現寺線の跡地は東横線渋谷駅と百貨店の増床に使われた。さらに地下鉄連絡による旅客増に対応するため、山手線との間にあった公設市場を買収し駅を拡大する高架工事を始めるが戦争で中断、戦後再開し1951（昭和26）年に一連の工事が竣工した。その後、渋谷駅周辺の再開発で1956（昭和31）年に東急文化会館が竣工、銀座線に沿って連絡通路が設けられる。1957（昭和32）年には都電が駅西口折り返しから、宮益坂上から渋谷駅東口への単線ループ線を開業させ駅東側に乗り場を移す。写真はその当時のもの。画面左手が東横線渋谷駅になるが、1961（昭和36）年に今の玉川通りの建設に合わせて東横線渋谷駅も大改良工事が行われる。現在の東横線は道路の深いところに潜り、銀座線は写真の電車の位置に駅が移動、まわりの建物も再開発ですべて建て替えられた。◎渋谷駅前　1957（昭和32）年2月28日

1961（昭和36）年から抜本的な駅改良工事を、現在の玉川通り建設に伴う架道橋設置と併せて行うため、桜木町方に仮駅を設置、200mほどの仮設通路で駅舎と連絡した。田園調布行きの6000系が3番線から出発し、ダブルクロッシングにさしかかるところ。一番左側の線路が開業当時の下り本線で、高架橋の鋳鉄製欄干が見える。3番線側の高架橋は戦時中に建設された部分。1964（昭和39）年にカマボコ屋根を持つホーム長120mの4面4線の駅が完成するが、1970（昭和45）年の急行8両編成化でホームを延長、1982（昭和57）年の20m車8両運転では、使われていなかった荷扱いホームと留置線を撤去し、構内配線を整理して対応している。
◎デハ6005　渋谷（仮駅時代）　1962（昭和37）年4月22日

右に見える欄干は駒沢通りで、大正期
に都市計画され関東大震災の復興事
業で開通。玉川電気軌道の中目黒線が
1927（昭和2）年に開通し、のちに都電
となり1967（昭和42）年まで路面電車が
走っていた。線路奥の森は昔の岩倉具
視邸だったが、のちに根津嘉一郎邸と
なる。根津氏は武蔵電気鉄道設立時の
取締役でもあったが、東横線の建設が
決まる前に経営から手を引いている。
現在この付近で日比谷線が地上に出て
くるので、風景は激変している。
◎クハ3675　代官山〜中目黒
1960（昭和35）年10月30日

武蔵電気鉄道の計画では、上目黒から
恵比寿・天現寺橋への本線と、上目黒
で分岐して神泉から代々木練兵場の西
を通り新宿駅西口へ向かう支線で計画
されていた。しかし先に目黒蒲田電鉄
で目黒駅に達していたので、恵比寿駅
に東横線を持ってくると近接してしま
うため、市電の南東側ターミナルの天
現寺橋より、山手線に電車が走り始め
て利便性が増した渋谷を経由して新宿
に向かうように変更した。さらに道玄
坂上で分岐して有楽町へ向かう支線計
画（のちに東京高速鉄道、現在の銀座
線）もあったので、中目黒から尾根を
トンネルで越え、代官山南側の急斜面を
削り敷地を作り、渋谷川沿いにルート
を求めた。延長157mの渋谷隧道は切り
通しでも施工できそうな土被しかない
が、三田用水が流れており、当時から大
きな屋敷があった代官山地域に配慮し
たのであろう。トンネルの上には現在、
東急代官山タワーが建つが、かつてこ
の敷地は五島慶太氏の邸宅だった。
◎デハ5002　代官山〜中目黒
1958（昭和33）年9月6日

中目黒駅下り線ホームの端から渋谷方向を見る、5009-5120-5107-5372-5040の5両編成の急行渋谷行きが通過する。手前の架道橋が環状6号線、電車前から2両目付近が目黒川橋梁である。日比谷線の中目黒駅乗り入れ工事は1963（昭和38）年に入ってから始まるので、工事着手前の姿。◎デハ5040　中目黒　1962（昭和37）年4月1日

1964（昭和39）年7月に日比谷線乗り入れ工事が竣工、東横線は代官山トンネルを出ると上下線が広がり、間に日比谷線が顔を出す。駅のホーム延長は渋谷方で行ったので、目黒川手前までホームになり、増線で幅が広がる部分は線路南側を流れる蛇崩川までの敷地が充てられた。中央の煙突は光明泉（銭湯）のもので、現在も同じ位置で盛業中。
◎デハ7024　中目黒　1964（昭和39）年8月26日

1964（昭和39）年8月29日の日比谷線全
通時から、東横線日吉までの相互乗り
入れを開始。東急－営団－東武と3社
を直通できるのは営団車の一部のみで、
東急車は北千住、東武車は中目黒で折
り返し、3社を直通する運用はなかっ
た。3021の編成は1962（昭和37）年の人
形町開業時の新製車で、翌年に6両編
成化されている。
◎3021　中目黒
1964（昭和39）年10月11日

日比谷線は霞ヶ関～東銀座間が最後の
開通区間で、中目黒～恵比寿間が開業
したときは中目黒発の霞ヶ関行きだっ
た。3046の編成は中目黒～霞ヶ関間開
業用の増備車で、国鉄横浜線に八王子
から入り、菊名経由で東急線に入線。
碑文谷にあった工場で整備のうえ、中
目黒駅の軌道工事完了前は終電後に仮
線を日比谷線につないで、広尾の仮検
修庫に運び入れている。
◎3046　中目黒
1964（昭和39）年8月26日

祐天寺駅は東横線渋谷開業と同時に開業
している。当時はこの付近までが住宅地
で、渋谷からの折り返し電車が単行で運
転されていた。駅舎は洋風建築で2階で
はレストランが営業しており、下り線側
に貨物側線も有していたが、1940（昭和
15）年に貨物扱い駅集約で祐天寺駅の扱
いは廃止され、側線も撤去されている。
祐天寺〜都立大学間は1966（昭和41）年か
ら高架工事が始まり、1970（昭和45）年に
完成している。2013（平成25）年から耐
震補強工事とともに通過線の新設が行わ
れ、2017（平成29）年に完成した。
◎デハ7026　祐天寺
1973（昭和48）年5月13日

祐天寺～学芸大学間の祐天寺7号踏切
から、在来車5両編成桜木町行きを見
る。クハ3670形クハ3676は、国電クハ
65098の台枠を利用して新日国工業で
車体を新製した。中目黒～都立大学間
は途中の駒沢通りの祐天寺4号踏切な
どを除去するため、1966（昭和41）年か
ら高架工事が始まる。この付近は民家
が密集していて仮線方法での高架工事
が難しいため、東急トラベラー工法と
いう直上式高架橋で施工され、1970（昭
和45）年に完成している。
◎クハ3676　祐天寺～学芸大学
1963（昭和38）年11月10日

学芸大学駅の渋谷方、祐天寺8号踏切付近を走る急行桜木町行き。学芸大学駅は碑文谷駅として開業し、1936（昭和11）年に東京府青山師範学校を移転・誘致して駅名も青山師範駅に改名、その後校名の変更に合わせ第一師範駅、学芸大学駅と変わっている。東京学芸大学は1964（昭和39）年に小金井市に移転しているが、学芸大学駅は地域名として定着している。◎デハ5026　祐天寺～学芸大学　1963（昭和38）年11月10日

自由が丘駅は1927（昭和2）年の東横線開業時に
九品仏駅として開業。1929（昭和4）年の目黒蒲
田電鉄の二子玉川線（現・大井町線）の自由ケ丘
〜二子玉川の開業に備え、九品仏川の谷に下り
込んでいた線路を5.79m高上して築堤上の田園
調布方に駅を移転。九品山淨眞寺により近いと
ころに二子玉川線の駅が設けられたので、こち
らを九品仏駅とし、駅名を自由ヶ丘と改称した。
自由ケ丘は、駅周辺の「衾西部耕地整理組合」
の組合長でもあった栗山久次郎の協力で、1928
（昭和3）年に教育者の手塚岸衛が自由主義教育
を目標に掲げ設立した「自由ヶ丘学園」に由来
する。
1958（昭和33）年に東横線急行増発のため待避駅
を増やす時に大井町線の乗り換え駅であった自
由ケ丘が選ばれ、前の高上工事で築堤にした法
面部分を使い高架線とすることで、2面2線の
待避駅に改築された。1966（昭和41）年の大井町
線延伸の前に自由が丘に改称されている。写真
のデワ3040形デワ3043は、1981（昭和56）年にデ
ハ3450形デハ3498を荷物電車に改造、しかし翌
年には宅配便の普及により荷物扱いは廃止され、
デワ3043は長津田工場の入換車となる。自由が
丘での荷物扱いは大井町線のホームのみ行われ、
東横線では荷物電車は通過する。
◎デワ3043　自由が丘
1981（昭和56）年10月25日

1918（大正7）年に渋沢栄一氏が提唱した田園都市計画にもとづき、田園都市会社が興され、洗足、大岡山、多摩川台の土地を買収、1922（大正11）年から洗足田園都市、翌年には調布田園都市の分譲が開始される。都心から田園都市への交通手段として鉄道線が建設され、目黒蒲田電鉄の目黒〜丸子（現・沼部）が1923（大正12）年に開業し、調布田園都市の多摩川住宅地に調布駅が設けられた。駅名は1926（大正15）年、田園都市の調布駅という事で田園調布に改称。東京横浜電鉄の渋谷線建設の際に目黒蒲田電鉄の線路を東側に移設して、旧線路部分を東横線に回し、並行する田園調布〜丸子多摩川（現・多摩川）間は複々線とされた。田園調布駅に東横線桜木町行きと目蒲線蒲田行きが進入する。右側の目蒲線側の渡り線は、ホーム反対側で目蒲線と東横線の連絡線につながり、元住吉工場への出入庫車と荷物電車が使用した。ここから見える区間は1964（昭和39）年から建設される環状8号線と立体交差とするため、線路を掘割に移す工事が始まり、1966（昭和41）年に竣工している。その後1990（平成2）年から駅部分も地下化工事が始まり、1996（平成8）年に竣工した。
◎田園調布
1958（昭和33）年10月19日

田園調布駅西側の風景。左側の目蒲線の渡り線は、田園調布での折り返し電車が使用する。5200系が走る東横線へつながる線路が目蒲線と東横線への連絡線。東横線上り線の向こう側に貨物扱いホームがあり、その奥には東横線の田園調布折り返し電車が使用する引上線があった。東急の貨物列車は1964（昭和39）年に廃止されるが、末期には菊名〜元住吉〜田園調布間で3往復設定されていた。その後1967（昭和42）年に目蒲線の折り返し線が上下線間にY字形に設置され、東横線側の配線も変更されている。5200系は5000系の外板をステンレス板としたセミステンレス車で、デハ5200形デハ5201＋サハ5250形サハ5251＋デハ5200形デハ5201の3両編成1本がつくられ、のちに4両編成化時に中間車デハ5210形デハ5211が増備されている。廃車後は上田交通に譲渡され、先頭車2両が活用され中間車は部品取り車となった。上田交通での廃車後にデハ5201は返還され、現在は総合車両製作所横浜事業所で、デハ5202を電装解除したクハ5251は上田電鉄の下之郷車庫で保存されている。
◎デハ5201　田園調布
1959（昭和34）年4月24日

東白楽駅を出て渋谷向かう5000系。二段窓は上下段とも上昇し、窓部分が全開口になるのが見えている。横浜から北東方向に向かう東横線で、白楽駅より東白楽駅のほうが横浜方にあるが、この区間は線路が北北西に向かって敷かれているため、白楽駅より東白楽駅のほうが東側に位置する。現在は川は埋め立てられ、築堤部分まで東白楽駅のホームが伸びてきている。
◎5000系　東白楽　1958（昭和33）年10月19日

上段の写真の撮影位置から後ろに下がり、横浜市電六角橋線東白楽電停から東方向を見る。桜木町方面へ5000系が走っていく。横浜市電は1300型で、戦後復興に合わせ1947（昭和22）年に製造した大型ボギー車。12系統は六角橋を起点に、横浜駅前→桜木町駅前→馬車道→尾上町→弘明寺→保土ヶ谷橋→六角橋の循環系統で、1系統の逆回りとなる。
◎5000系　東白楽
1958（昭和33）年10月19日

東白楽駅は東京横浜電鉄神奈川線が開
業したあと1927（昭和2）年に増設され
た地上駅だったが、1930（昭和5）年に
横浜市電気局の六角橋線の開業に合わ
せて高架駅に改築された。ホーム部分
は延伸に合わせ構造が変わっているが、
道路を跨ぐ高架橋部分は変わっていな
い。桜木町方向へ5000系が走っていく。
横浜市電は500型535で、500型は震災復
興のため1928（昭和3）年に60両がつく
られた大型単車。11系統は葦名橋から
六角橋の間に運転されていた。
◎東白楽
1958（昭和33）年10月19日

高島山隧道173mを抜けて反町駅に進入
する5200系デハ5201-サハ5251-デハ5202
の編成。青木町付近は海と山裾が近い
のと旧東海道沿いに住宅地が発達して
いたので、その背後からトンネルを抜
けて横浜に向かうルートで線路が敷か
れた。2004（平成16）年にこの区間はみ
なとみらい線に接続するために地下化
され、線路の跡地は東横フラワー緑道
として整備されている。1926（大正15）
年の神奈川線開業時に高島山隧道を抜
けた先の神奈川駅までの開業だったの
は、鉄道省東海道本線の横浜駅の移転
が震災復興と合わせて決まり、当初予
定していた鉄道省の神奈川〜平沼間の
短絡線廃線跡が使えなくなり、また移
転後の横浜駅への乗り入れ方法も決まっ
ていなかったため。1927（昭和2）年に
鉄道省から横浜駅乗り入れの意向が示
され、駅の裏側に高架で乗り入れるこ
とになったが、代わりにその先の桜木
町への延長も認められて工事が始まり、
1928（昭和3）年に高島町（開業時は横
浜、鉄道省の横浜駅移転開業後に本横
浜駅に改称後、1931（昭和6）年に高島
町に改称）まで開業した。
◎デハ5201　反町
1959（昭和34）年3月24日

高島町と桜木町の間は、東京横浜電鉄が鉄道省の東（海側）に建設用用地を確保してあった。しかし移転後の横浜駅への乗り入れ形態により省線の山側になってしまったため、東京横浜電鉄が自社用地に高架橋を建設、これに省線を移設して空いた山側の１線に桜木町への線路を敷設し、1932（昭和７）年に開業した。そのため高島町〜桜木町間は単線となっていた。戦後輸送量が増えてくると複線化の必要に迫られたため、国道16号の歩道部の占有許可を受け、ここに1,092m

の高架橋を設けて新設の上り線として使用し、同時に桜木町駅も改築して1956（昭和31）年に完成した。国道を走るのは横浜市電の神奈川線。400型は1925（大正14）年から製造されたダブルルーフの半鋼製単車で、421号は地元の横浜船渠製。◎桜木町　1963（昭和38）年9月7日

目蒲線

目蒲線は田園都市会社が自社開発地への輸送手段として、荏原電気鉄道が免許を取得した大井町〜調布村間と、荏原電気鉄道の免許を譲り受けた田園都市会社が追加で免許を受けた支線の洗足〜目黒間、武蔵電気鉄道が取得していた支線区間の調布村〜蒲田間の免許を合わせて、田園都市会社から鉄道部門を分離された目黒蒲田電鉄が1923（大正12）年に目黒〜蒲田間を全通させた。2000（平成12）年に東京メトロ南北線・都営三田線への乗り入れのため、多摩川園で目黒線と多摩川線に線区が分断され、目蒲線の名前は消滅した。

目蒲線蒲田駅は池上電気鉄道開業後の1923（大正12）年、現在の東急線蒲田駅の位置にあった池上電気鉄道蒲田駅と鉄道省蒲田駅の間に南側から回り込むように入り込み、京浜東北線と並行して駅を設けたが、階段状に切り欠いたホームで2線と狭い構造となった。1927（昭和2）年に池上電気鉄道が旧駅付近から急カーブで曲がり、目黒蒲田電鉄の蒲田駅隣に並行する位置へ1面1線の駅で移転する。同社が目黒蒲田電鉄に合併されると、目蒲線と池上線の間に連絡線が設けられ車両の移動ができるようになるが、利用客の増加で池上線はもとの位置に戻り、跨線橋を新設して連絡、目蒲線も島式ホーム1面2線に改められた。しかし1945（昭和20）年4月15日の空襲で、池上線のホームが半焼状態で残った以外はすべて焼失。復旧に際し池上線を駅付近で単線化して、旧上り線に目蒲線を矢口渡駅から直進して接続する形で1945（昭和20）年8月14日に復旧した。その後、蒲田駅は目蒲線が1線増設され4面3線となったが、1966（昭和41）年に区画整理事業の完了とともに高架化工事に着手、1968（昭和43）年に完成するまで、目蒲線と池上線の単線並列が続き、蒲田駅は20年近く木造の仮駅状態だった。◎デハ3711　矢口渡〜蒲田　1959（昭和34）年1月31日

池上線

　池上線は池上電気鉄道が池上本門寺や目黒不動尊への参拝輸送を目的として、1914（大正3）年に目黒〜大森間の免許を受けたが資金不足で着工できず、池上〜蒲田間の支線免許を新たに受け、1922（大正11）年にこの区間を開業させたのに始まる。その後小刻みに開業を重ねるが、目黒蒲田電鉄が開業した関係で五反田へ山手線側の駅を変更し、1928（昭和3）年に全通した。さらに白金・品川方面への延伸を計画して五反田駅は山手線を乗り越す形でつくられたが、提携先の京浜電気鉄道が東京地下鉄道（現・銀座線の前身）と組んで池上線延伸計画の区間へ地下鉄を延伸する計画を立てたため、五反田から先の延伸を断念する。営業地域拡大は、雪ヶ谷から国分寺への免許を受け、雪ヶ谷〜新奥沢間の新奥沢線を1928（昭和3）年に開業するが、これは目黒蒲田電鉄のエリアを侵食するものであり、無駄な競争は避けるべきと五島慶太氏が池上電気鉄道を保有している川崎金融財閥に掛け合い、1934（昭和9）年に目黒蒲田電鉄に吸収合併され同社の池上線となり、翌1935（昭和10）年に新奥沢線は廃止された。

池上線蒲田駅を出発するクハ3660形クハ3662、1947（昭和22）年に川崎車輌製で完成した車体を、京浜線木造車の戦災復旧名義で、戦災国電の台車と合わせて落成した、全長15m級とやや車体が短くまた切妻非貫通だったが、1958（昭和33）年に全室運転台化とともに貫通路が設けられた。◎クハ3662　蓮沼〜蒲田　1959（昭和34）年1月31日

御嶽山駅は1923（大正12）年の開業当時には御嶽山前駅といい、その名のとおり駅北西にある御嶽神社の最寄り駅だった。1933（昭和8）年に御嶽山駅に改称している。ホーム下部がプレガーターになっているのは、1929（昭和4）年に国鉄品鶴線（東海道本線の貨物支線）が切り通しの立体交差で開業したため。1964（昭和39）年開業の東海道新幹線建設時

に、切り通し法面を垂直壁面に造り替え、東海道新幹線の線路用地を捻出している。写真のデハ3650形デハ3654は1942
（昭和17）年川崎車輌製で、東京急行電鉄発足後初の新製車。旧デハ1000形（デハ3500形）を片運転台にした構造で、広幅
貫通路を設けている。◎デハ3654　御嶽山　1964（昭和39）年10月11日

大井町線

大井町線は目黒蒲田電鉄が目黒〜蒲田間を開業させたのち、荏原電気鉄道が受けた免許区間の大井町〜大岡山間を1927（昭和2）年に開業。それ以北の玉川村方面は衾西部耕地整理の計画に合わせルートを

変更し、自由ヶ丘〜二子玉川間を1929（昭和4）年11月に、大岡山〜自由ヶ丘間は誘致した東京工業大学の敷地内で、交差する目蒲線との工事調整の関係で遅れ、1929（昭和4）年12月に開業している。1943

大岡山駅を出発した大井町線大井町行き（右）と目蒲線目黒行き（左）。1927（昭和2）年の大井町〜大岡山間開業時、その先の玉川村方面への延伸線は次の奥沢駅から分岐予定で一部用地も手配してあったが、東横線との交差問題と衾西部耕地整理の計画で鉄道用地が確保できたため、目蒲線と大井町線は大岡山駅で、東横線と大井町線は自由ヶ丘駅で交差接続することになった。大井町線の渡り線は大井町〜大岡山間の折り返し列車用。
◎大岡山　1958（昭和33）年12月7日

(昭和18）年に玉川線の二子読売園～溝ノ口間を軍部の要請で輸送力増強のために改軌し、大井町線に編入、二子橋を大型電車が渡るようになる。1963（昭和38）年に溝ノ口～長津田間の工事が始まると、延伸に備え路線名を「田園都市線」に改称、その後の延伸区間を加え大井町～つきみ野間が田園都市線となる。1979（昭和54）年に二子玉川園以西からの電車は新玉川線経由で営団地下鉄半蔵門線へ乗り入れるようになり、旧来の大井町線電車は二子玉川園止まりになったため、大井町～二子玉川園間を大井町線の線名に戻した。2009（平成21）年に二子玉川～溝の口間の複々線工事が完成し、再び大井町～溝の口間が大井町線となった。

大岡山駅の荷扱いホームにデワ3041が出入りする。デワがいる場所が目蒲線上り本線と荷扱いホームへのポイント部分、人が渡っている線路が目蒲線下り線、右端の線路が大井町線上り線で、島式の大井町線ホーム大井町方での撮影。大井町線と目蒲線の連絡線は駅西側（田園調布・二子玉川園方）にあった。目蒲線の上下線間隔が開いているのは、大岡山駅に目黒方向の折り返し中線があったため。折り返し列車の起終点が田園調布駅に変更になったため、中線が撤去され広いホームとなっていた。◎デワ3041　大岡山　1958（昭和33）年12月7日

二子橋架橋前の大山街道は二子の渡しで多摩川を越えていたが、東京府と神奈川県間の輸送の拡大、また多摩丘陵や相模原で行われる軍事演習への輸送の必要から、軍からの要請もあり1925（大正14）年に架橋された。このとき玉川電気鉄道は建設費の3割弱を負担して軌道敷設権を取得、1927（昭和2）年に玉川（のちのよみうり遊園）～溝ノ口の溝ノ口線を開業

した。二子読売園（玉川電気鉄道よみうり遊園駅と、目黒蒲田電鉄の二子玉川駅を両社合併時に改称）～溝ノ口間は、戦時輸送で利用者が急増したため玉川線の電車では対応できなくなり、軍部からの要請もあり軌間を1,372mmから1,067mmへ改軌、二子橋へ乗り入れられるように大井町線の駅を移設した。大型電車乗り入のため橋の強度が不足する分は、渋谷玉

二子玉川園駅を出て併用軌道区間に入る溝ノ口行き。電車最後部の奥、洋風な屋根に青い看板がある建物が、玉川線の二子玉川園駅駅舎である。交通信号機は「赤」だが、車は関係なく渋滞しているようで、併用橋の末期には接触事故防止のため、非常停止することが毎日数十回起こったという。クハ3850形は連結相手を特定せずに製造された制御車。クハ3854は1952（昭和27）年川崎車輌製で、3850～3854の5両が製造され、新型のOK-6形台車を装備する。
◎クハ3854　二子玉川園～二子新地前　1964（昭和39）年2月16日

電ビルの4階以上の建築工事が中止されていたため、そのときの資材を使い橋の横桁を補強して対応した。

1945（昭和20）年に二子玉川（二子読売園を改称）〜溝ノ口間を軌道線から鉄道線に変更、事務手続きの簡略化が目的で実態には変化がなかったが、鉄道線の道路上通過は例外的措置なので、将来は専用橋の架橋が求められた。昭和30年代に入ると自動車交通の増加により慢性的に渋滞が発生し、また橋の強度の関係で車両の大型化・長編成化もできないこと、溝ノ口以西に多摩田園都市計画が立てられ、1963（昭和38）年に鉄道線の溝ノ口駅から先への延伸も決まったことから、新たな二子橋梁が建設され、1966（昭和41）年に鉄道線が移設された。その後も二子橋は道路橋として供用されている。

二子橋に入る溝ノ口行き電車。電車の両側に二子橋親柱が見える。鉄道がなくなるころにはには上部の灯りは撤去され、柱だけになっていた。道路専用橋になったあと下流側に歩道が整備され、親柱や欄干も取り替えられてしまったが、初代の親柱は国道246号二子橋経由の旧道と新玉川橋経由の新道の分かれる交差点に保存されている。
◎デハ3504　二子玉川園〜二子新地前　1959（昭和34）年4月26日

二子橋を渡る溝ノ口行き。すぐ下流（写真右側）に新しい二子橋梁が架橋されるが、まだ工事は始まっていない。
◎デハ3522　二子玉川園〜二子新地前　1964（昭和39）年2月16日

　２年弱の建設期間で二子橋の下流側に東急大井町線の二子橋梁が架橋された。同時に二子玉川園駅と二子新地前駅も高架化されたが、二子新地前〜高津間は用地買収が遅れ半年ほど単線区間が残った。二子玉川園駅は高架化の際に、新玉川線分岐と大井町線の立体交差・曲線緩和でホームは溝ノ口側に移動し、新玉川線開業後には10両編成対応になるので多摩川河川敷までホームが延びることになる。手前の橋脚の突起はホーム延伸時の基礎で、電車の走っている位置のガーター橋のリブが多い付近に、新玉川線へ分岐する橋脚がつながれる。駅の高架計画時の新玉川線は銀座線延伸を予定しており、二子玉川園で折り返し運転を行うため、引上線が設置できるように上下線が離れて架橋されている。のちに大井町線の溝の口までの複々線化に活用されることになるが、外側に大井町線、内側に新玉川線が入る構造でつくられたため、複々線にあたり内側を大井町線、外側を田園都市線とするため、大規模な造り替え工事が行われている。新玉川線の開業当時は暫定的に本線が駅構内でいったん単線になったのち、両側のホームに分けられるという変わった配線になっていた。◎デハ7001　二子玉川園〜二子新地前　1966（昭和41）年12月19日

田園都市線

　田園都市線は戦前の田園都市会社の理念に基づき、軍演習地として使われていた多摩南部の丘陵地を開発を東京急行電鉄が一括代行方式で土地区画整理事業を行い、開発した住宅地と都心へのアクセスとして計画された。当初は銀座線を延伸する計画で始まり、後に大井町線から池上線を経由して地下鉄新線で都営三田線接続に変わり、地下鉄東京11号線（新玉川線から半蔵門線）が計画されるとこの延伸線に変更された。先ずは大井町線を田園都市線に改称し、1966（昭和41）年に溝の口（開業前に溝ノ口から

改称）～長津田間が、1968（昭和43）年につくし野まで、1972（昭和47）年にすずかけ台、1976（昭和51）年につきみ野まで開業。1979（昭和54）年に新玉川線へ全列車が直通すると二子玉川園～大井町間は大井町線に名称を戻し、二子玉川園～つきみ野間が田園都市線になり、通称「田玉線」と呼ばれるようになる。1984（昭和59）年には中央林間まで開業し全通する。2000（平成12）年に新玉川線と線名が統合され、渋谷～中央林間間が田園都市線となる。

開業の年の長津田駅構内で、横浜線ホームから田園都市線の電車を見ている。4両編成で大井町を出た電車は鷺沼で2両編成に分割され長津田駅に向かっていた。東急の駅は北側にあった田奈弾薬庫への専用線につながる貨物ヤード跡地に設置されたが、横浜市・国鉄との調整に手間どり仮設備で開業し、その後も本設工事が行われている。さらに新玉川線の開業に向けて2面4線へと構内が拡大される。写真の編成のクハ3770形クハ3775とデハ3600形デハ3601は戦災車の車体修繕車で傷みがひどくなったため、クハ3775が1963（昭和38）年、デハ3601が1964（昭和39）年に新製車体のへ載せ替えを行った。◎クハ3775　長津田　1966（昭和41）年12月19日

1972（昭和47）年開業のすずか
け台駅を出発する大井町行き。
トンネルの先にある現在のや
なぎ通りの跨線橋までは、単線
で建設され、1976（昭和51）年
のつきみ野駅までの延長開業
のときに複線化された。デハ
8500形デハ8507は新玉川線開
業用の1975（昭和50）年の新製
車。当初は4両で、1976（昭和
51）年に5両化、半蔵門線乗り
入れ時に8両編成化している。
◎デハ8507　すずかけ台
1975（昭和50）年5月11日

鉄道線の車両アルバム

東京急行電鉄の車両は、大東急時代に旧・東京横浜電鉄の車両が3000番台とされ、古い順にデハ3100形から改番を行っている。東京急行電鉄成立後の車両はその続きで形式が当てられ、大きく進化した5000系からは、1000番台ごとに車両内容が進化している。東京急行電鉄の車両をヒギンズさんの撮影の中から紹介する。

デハ3300形

もとは目黒蒲田電鉄のモハ150形モハ150〜152・154〜161で、大東急合併時にデハ3301〜3311となった。出自は1909（明治42）年製の鉄道院ホデ6110形で、鉄道省デハ6260形を1924（大正13）年に譲渡された目黒蒲田電鉄のモハ20形、鉄道省デハ6285形を1925（大正14）年に譲渡された目黒蒲田電鉄のデハ40形（のちにモハ20形に編入）、1927（昭和2）年に鉄道省デハ6310形を譲渡された池上電気鉄道のデハ20形（合併で目黒蒲田電鉄のモハ30形（2代）となる）の木造院電を、1937（昭和12）年と1940（昭和15）年に川崎車輌で鋼体化した車両。種車の関係で15m級の短い切妻車体を持つ。戦災を受けた2両は制御車化されクハ3230形になり、残ったデハは1955（昭和30）年に全室運転台化とともに片運転台化して、池上線で3両編成で運用された。1975（昭和50）年から廃車が始まり、京福電気鉄道福井支社、福島交通、上田交通に譲渡され、写真のデハ3310は、上田交通に譲渡され同番号で使われた。
◎デハ3310　御嶽山
1964（昭和39）年10月11日

デハ3500形

目黒蒲田電鉄の旧モハ500形のデハ3400形、目黒蒲田電鉄と東京横浜電鉄の旧モハ510形のデハ3450形に続き、1939（昭和14）年から川崎車輌で22両が製造された東京横浜電鉄の旧モハ1000形がデハ3500形になった。横浜で京浜電気鉄道線に乗り入れ、さらに湘南電気鉄道へ直通する計画があったので、東急線を改軌するときへの対応として長軸台車を装備している。昭和30年代に奇数車は上り向き、偶数車は下り向きに揃えられ、中間にサハをはさんだ3両編成で運用され

た。デハ3502の次のサハは、目黒蒲田電鉄旧モハ100形のデハ3100形を電装解除したサハ3100形。デハ3500形は1968（昭和43）年から更新が始まり、1976（昭和51）からは張り上げ屋根、正面2灯シールドビーム化が行われていた。目蒲線の主力として1989（平成元）年まで活躍していたが、東急で長く使われたこともあって他社へ譲渡された車両はない。
◎デハ3502　二子玉川園〜二子新地前　1964（昭和39）年2月16日

3700系

運輸省規格「A'形」昭和22年度割当分として、1948（昭和23）年に川崎車輌でデハ3700形デハ3701～3715と、クハ3750形クハ3751～3755の20両が製造された。車体長17mの全室運転台はその後の車両の基本寸法となる。当初より1,500V昇圧を考慮した設計になっており、1952（昭和27）年の東横線昇圧に合わせて改造、同時に連結面側に貫通扉を取り付け、1954（昭和29）年からデハは運転台側も貫通路取り付け、また全車のKS-33台車の揺れ枕バネをオイルダンパー化する改造工事を行っている。1961（昭和36）年から2年間で更新工事を行い、側窓高さ拡大・アルミサッシ化、内装のデコラ化が行われている。1975（昭和50）年と1980（昭和55）年の2回に分けて全車が名古屋鉄道に譲渡され、3両固定編成で使用するために不足する1両はクハ3670形クハ3671を充当した。名鉄ではオイルショック後のラッシュ時の救世主として活躍したが、同じ運輸省規格型と言っても名鉄3800系とは機器等は異なるため、1981（昭和56）年には廃車が始まり、1986（昭和61）年に全廃となった。しかし東急時代から全車に装備していた扇風機は、まだ取り付けていない車があった名鉄車に移され、またKS-33台車もク2780形やク2800形に転用され、古いボールドウィン形の台車の淘汰に使われた。さらに名鉄で廃車後名鉄住商経由で大井川鉄道に売却され、しらさぎ号クハ6061とお座敷客車ナロ80形、展望車スイテ82形として使われている。◎クハ3752　中目黒　1956（昭和31）年7月28日

デハ3600形、クハ3670形、クハ3770形

1948（昭和23）年から1952（昭和27）年にかけて、戦災や事故車の国電や木造客車の払い下げを受け、車体叩き直しや、台枠活用車体新製、名目台枠活用の事実上の新造で、デハ3600形デハ3601～3616、クハ3670形クハ3671～3679、クハ3770形クハ3771～3782の計37両が登場した。クハ3660形は600V用、クハ3770形は1,500V昇圧対応用で形式が分けられていたが、全車昇圧後は両者の区別はない。国電の台枠を使用したため地方鉄道規定の車体幅2744㎜を超える車体幅2805㎜の車両の登場となり、東横線と目蒲線は地方鉄道規定より幅を広げる特認をとって対応した。車体叩き直し車は種車の特徴を残していたが、1960（昭和35）年から新造車体を用意して68ページにあげる更新車となった。未更新車は1958（昭和33）年にデハ3609～3611が定山渓鉄道に譲渡されたほか、1971（昭和46）年より事故車や状態不良車から廃車が始まり、逆に末期まで使われたデハ3606・3612・3614・3616、クハ3679・3776～3778・3780・3781の10両が1975（昭和50）年と1976（昭和51）年に弘南鉄道に譲渡された。なおデハ3608・3612、クハ3677・3780の4両は伊豆急行が開業した1961（昭和36）年から4年間貸し出され、オーシャングリーンとハワイアンブルーの伊豆急行色をまとっていた。写真のクハ3670形クハ3678は、1951（昭和26）年の日本車輌製で種車の番号を持たない事実上の新製車。1973（昭和48）年に廃車となる。◎クハ3678　田園調布　1958（昭和33）年10月19日

デハ3600形、クハ3670形、クハ3770形（更新車）

デハ3600形、クハ3670形、クハ3770形のうち種車の車体を叩き直しで復旧した車両は、1960（昭和35）年から全金属製の新造車体を用意して更新された。このとき車体幅も地方鉄道定規の2,744 mm幅に収め、全線での使用を可能にしている。更新の早かったクハは白熱灯の前照灯だったが、1964（昭和39）年から更新となったデハはシールドビームつきの車体が用意されている。1979（昭和54）年から廃車が始まり、デハ3601・3602・3607・3608、クハ3672〜3675、クハ3773〜

3775の10両が弘南鉄道へ、クハ3671が名古屋鉄道へ、クハ3772が上田交通へ譲渡されている。叩き直し車のうちクハ3771は1957（昭和32）年に事故復旧で半鋼製の新造車体で更新されたため、1974（昭和49）年に廃車となっている。
◎クハ3772　田園調布　1964（昭和39）年10月11日

5000系

1954（昭和29）年に東急車両製造が製造した東京急行電鉄初の直角カルダン駆動に発電ブレーキ、高抗張力鋼モノコック構造の軽量車体を持つ高性能電車。当初は発電ブレーキで得た熱を暖房に用いたが、温度制御が難しくこれは断念し普通のヒーターになった。デハ5000形＋サハ5050形＋デハ5000形の3両固定編成で登場。のちに中間電動車のモハ5100形、増結用2両編成用制御車クハ5150形が登場し、サハ5050形はサハ5350形に改番された。18m級車体で1M構造

で走れるため、長野電鉄に29両、福島交通に4両、岳南鉄道に8両、熊本電鉄に6両、上田交通に10両、松本電気鉄道に8両（他に部品確保車が5両）が、1977（昭和52）年から1986（昭和61）年にかけて譲渡されている。
◎デハ5004　中目黒　1962（昭和37）年4月1日

6000系

1960（昭和35）年に東洋電機製造の電装品を用いたデハ6000形とデハ6100形のＡ編成、東京芝浦電気の電装品を用いたデハ6200形とデハ6300形のＢ編成の各4両編成が1編成ずつ東急車両でつくられた。全電動車方式で2両を1ユニットとし、1台車1モーター式で東洋製と東芝製で駆動方法が異なるが複巻電動機を用いた回生ブレーキつき、車体は5200系と同じスキン・ステンレス製で両開きの客室扉を初めて採用した。その後、東洋製でモーター出力を増したＣ編成が4両編成3本が増備されている。1986（昭和61）年に廃車のＢ編成は車体のみが民間に譲渡され、1988（昭和63）年から翌年にかけて4両が日立製作所水戸工場に、8両が弘南鉄道に譲渡され、4両が大鰐線で使われ残りは予備部品取り用になり、車体だけが倉庫として利用された。写真はＢ編成で渋谷方から6201-6302-6301-6202の車号になり、先頭車と中間車の奇数・偶数でユニットを組む。
◎デハ6202　祐天寺〜学芸大学
1963（昭和38）年11月10日

7000系

1962（昭和37）年に東急車両がアメリカ合衆国バッド社と技術提携して製作した日本最初のオールステンレスカー。6000系と同じく2両1ユニット方式で、台車はパイオニアⅢ形を用い軽量化したが、構造の関係から2個モーター並行カルダン駆動方式に変わった。電装品は60kwモーターの東洋製と70kwモーターの日立製があり、それぞれ制御方式も異なる。車体は地下鉄日比谷線乗り入れ規定にもとづき設計され、低い屋根と2800mmの車体幅になり、5200系以来の上下つるべ式の側窓は開口部が大きくなるので保護棒を取り付けたが、4編成目からは開口方法を変更し、下段開口部を狭くして保護棒を廃止している。日比谷線乗り入れは東洋製のうち営団用ATCと誘導無線をつけた車に限られたため、東洋地上用、東洋地下鉄乗り入れ用、日立製の3タイプが存在するが、6000系とは違い車番では分けられていない。先頭車がデハ7000形、中間車がデハ7100形で、車番の奇数・偶数でユニットを組む。1987（昭和62）年から更新と合わせて電装品をVVVFインバーターに変更した7700系に56両が改造され、その他の車両は廃車後に弘南鉄道に24両、北陸鉄道に10両、水間鉄道に10両、福島交通に16両、秩父鉄道に16両、東急車輌に2両が譲渡され、7700系に改造された車両からも十和田観光電鉄に6両と、養老鉄道に16両（部品取り車1両含む）が譲渡されている。写真は桜木町方から7022-7109-7110-7021の編成で、1963（昭和38）年東洋製の地下鉄乗り入れ編成。廃車後7021と7022は秩父鉄道へ、7109と7110は先頭車改造され弘南鉄道と水間鉄道に譲渡されている。
◎デハ7022　祐天寺～学芸大学
1963（昭和38）年11月10日

7200系

7000系の改良型で製造費・保守費を低減するためMTユニットとし、全線で使用できるように地方鉄道規定の車幅に収めた。当初田園都市線用として計画され、鷺沼で4両から2両に分割するので貫通路ホロつきとし、正面形状も"くの字形"にして変化をつけた。窓は1段下降式になり、のちの増備車は冷房装置を搭載、最終的に全車冷房改造されている。電装品は日立製と東洋製があり、当初は続き番号だったが、東洋製は50番台に改番された。先頭電動車にデハ7200形、制御車にクハ7500形、中間電動車にデハ7300形とデハ7400形があり、搭載する補機の有無で形式が分れたが、のちに全車に補機が取り付けられて差はなくなった。デハ7200とクハ7500はアルミ車体を持つ試作車で、末期はこどもの国線専

用車から試験車へ改造されている。1986（昭和61）年から目蒲・池上線への転用に際して7200系をMcMcTcの3両編成
に組み替えたが、クハ7500形が余剰となるので9両を電動車改造して7600系に改造。7200系で残った車両は上田交通へ
10両、豊橋鉄道へ30両、十和田観光電鉄に2両が譲渡され、上田交通の2両がのちに豊橋鉄道へ、十和田観光電鉄の2
両は同線の廃止後大井川鐵道に再譲渡されている。写真はこどもの国線で使われる7200系。通常は専用車2両編成だが、
行楽シーズンには4両で、大井町線からの直通運転もあった。右側のホームは新玉川線開業に向けての田園都市線2面
4線用の増設ホーム。◎クハ7502　長津田　1975（昭和50）年5月11日

8000系

8000系は将来の新玉川線用の車両として1969（昭和44）年に登場。20m 4扉オールステンレスの箱形車体で、サイリスタ制御による回生ブレーキつき界磁チョッパ制御器を採用。ブレーキは全電気式指令として、ワンマスコンハンドルを採用した運転台など、新しい技術を取り入れた。当初は東横線に5両編成で導入され、新玉川線転用時に中間電動車を増備し、6両編成化する予定だったが、新玉川線には半蔵門線乗り入れ対応でマイナーチェンジした8500系が投入されたので、東横線と大井町線で使用された。写真の8019からの編成は、1970（昭和45）年に増備された東急初の新製冷房車。
◎クハ8020　祐天寺　1973（昭和48）年5月13日

8500系

8500系は半蔵門線乗り入れ対応でマイナーチェンジした系列。8000系ではTc-M-M-M-M-Tcの4M2Tの6両編成で計画されていたが、故障時の勾配押し上げの必要から6両編成に5M1Tの計画となり、1975（昭和50）年の最初の増備車は渋谷方からデハ8600形＋サハ8900形＋デハ8700形＋デハ8500形とされ、翌年デハ8800形を組み込み5両化、その後は中間に新造車や8000系からの転用車を組み込み田園都市線から新玉川線へ直通運転時には一部8両編成化している。写真のデハ8629は1977（昭和52）年の新玉川線開業時の増備車で、車号は8629＋8741＋8919＋8742＋8822＋8529の6両編成。1978（昭和53）年に半蔵門線渋谷〜青山一丁目間が開業するが、1981（昭和56）年の営団8000系営業開始まではすべて東急車で運転されていた。◎デハ8629　青山一丁目　1979（昭和54）年4月8日

電動貨車

東京急行電鉄は荷物電車も電動貨車扱いで、形式も「デワ」を冠する。

戦前は2軸単車のデワ3000形（目蒲モワ1形）が使われていたが、1949（昭和24）年に国鉄からモニ13012を譲り受けてデワ3040形デワ3041とした。1924（大正13）年の日本車輌製の木造車で、車体を復旧して荷物電車として使用した。1964（昭和39）年に車体更新で余ったデハ1366の車体（元・小田原急行電鉄モハ200形で、大東急時代に井の頭線に転属しその後の車両需給の関係で東横線に転属していたもの）を用いて鋼体化改造が行われる。デワ3040形は他に、デハ3200形デハ3204（元・目蒲モハ300形）を1969（昭和44）年に改造したデワ3042と、1981（昭和56）年にデハ3450形デハ3498を改造したデワ3043が、1982（昭和57）年の荷物電車廃止まで活躍した。
◎デワ3041　大岡山荷物ホーム
1958（昭和33）年12月7日

昭和38年当時の東急各線の時刻表

┌○印急行停車駅

東京急行電鉄線

粁程	運賃	駅 名	初 電	終 電	初 電	終 電	運 転 間 隔
0.0	円	○渋　　谷	…… 500	006 035	522 545	049 ……	3〜10分毎
4.2	20	○学　芸　大　学	…… 509	016 044	513 536	040 ……	渋谷—日吉間
7.0	20	○自　由　ヶ　丘	513	020 048	509 532	036	頻繁運転
8.2	30	○田　園　調　布	515	022 050	507 530	034	急行
9.1	30	多　摩　川　園前	517	024 052	505 528	032	渋谷—桜木町
10.9	30	○武　蔵　小　杉	521	027 055	502 525	028	644〜2116
12.9	40	元　　住　　吉	500 523	029 057	500 523	026 053	桜木町—渋谷
13.6	40	○日　　吉	502 525	031	520	024 051	642〜2158
15.8	40	○綱　　島	505 527	034	……	518 022 049	
18.8	50	菊　　名	509 532	038	513 017 044		15〜17分毎に
21.4	60	白　　楽	513 536	043	509 013 040		運　転
24.2	60	○横　　浜	518 541	046	504 008 035		所要 34分
26.3	70	○桜　木　町	522 545	050	500 004 031		

粁程	運賃	駅 名	初 電	終 電	初 電	終 電	運転間隔
0.0	円	目　　黒	…… 515	001 040	510 540	025 ……	4〜10分
2.0	10	武　蔵　小　山	…… 518	004 043	506 536	021 ……	毎に運転
3.5	10	洗　足	…… 521	007 046	503 533	018 ……	
4.3	20	大　　岡　山	523	009 048	502 531	017	
5.6	20	奥　沢	500 525	011 050	500 529	015 052	目黒—田園
6.6	20	田　園　調　布	502 527	013	…… 527	013 050	調布間朝夕
7.5	20	多　摩　川　園前	503 529	015	…… 526	010 047	頻繁運転
10.1	30	下　丸　子	508 534	020	521	005 042	
13.1	40	蒲　田	513 539	025	516 2400	037	

粁程	運賃	駅 名	初 電	終 電	初 電	終 電	運転間隔
0.0	円	大　井　町	…… 512	2354 033	513 550	046 ……	7〜10分
3.1	10	旗　の　台	519	001 040	506 543	038	毎に運転
4.7	20	大　　岡　山	522	004 044	503 539	035	大井町二子
6.3	20	自　由　ヶ　丘	500 525	007 047	500 536	032 042	玉川園間朝
8.3	30	等　々　力	504 530	012	532	026 037	夕頻繁運転
10.3	30	二　子　玉　川園	508 534	015	528	022 034	
12.4	40	溝　ノ　口	513 539	021	523	017 029	

渋　谷—二子玉川園	500—020	運転所要 30分	9.1粁 { 片道13円	4分及至
渋　谷—下　高　井　戸	501—017	運転所要 25分	8.3粁 { 往復25円	20分毎に運転
二子玉川園—砧　本　村	538—2340	運転所要 6分	2.2粁 10円	

（38・10・ⅰ訂補）

粁程	運賃	駅 名	初 電	終 電	初 電	終 電	運転間隔
0.0	円	五　反　田	…… 515	2400 035	513 540	025 ……	6〜10分
1.4	10	戸　越　銀　座	…… 518	003 038	509 536	021 ……	毎に運転
3.1	10	旗　の　台	…… 522	007 042	506 533	018 ……	五反田雪ヶ谷
5.6	20	雪ヶ谷大塚	500 528	013 048	500 527	012 048	大塚間朝夕頻
9.1	30	池　上	508 536	021	519	004 040	繁に運転
10.9	30	蒲　田	512 540	025	515 2400	036	

第2章

東京急行電鉄 軌道線

玉川線

　玉川線は1896（明治29）年に路線敷設を出願した
ときの会社名が「玉川砂利電気鉄道」とあるように、
電車の運行のほか、砂利採取販売、沿線の電灯事業
を目指した会社であった。1907（明治40）年に玉川
電気鉄道によって渋谷～玉川間が全線開業する。当
時の渋谷駅は現在の渋谷駅南口の先、今の玉川通り
を越えた付近に設けられた。ここは電車運転開始前
の山手線渋谷駅前にあたる。駅前には砂利が積み上

げられ、荷馬車に積み替えられ市内の需要先に運ば
れたという。1920（大正9）年に山手線が高架化さ
れると現在の位置に渋谷駅が移転、東京市電もハチ
公前へ移転してきたため、玉電も市電へ乗り入れが
できるように軌間を1,067mmから1,372mmに改軌
し、新しい渋谷駅前へ駅を移転して市電と線路を接
続。これにより東京市電や玉電の電動貨車で市内へ
直接砂利が運ばれるようになる。

震災復興で砂利輸送は活況を帯びるが、昭和に入ると資源枯渇により衰退する。しかし渋谷はターミナルとして発展してきたので、玉電はターミナルビルを企画する。しかしこれは、同時期に渋谷をターミナルとして開発し始めた東京横浜電鉄の五島慶太氏から敵対的買収を受けることになり、1938（昭和13）年に同社の玉川線となり、同年には東京高速鉄道（現・東京メトロ銀座線）が玉電ビルの3階に、翌1939（昭和14）年には玉川線が同ビル2階に乗り入れることになる。その後、地域の足として活躍した玉川線だが、田園都市線から直通して都心へ乗り入れる東京11号線の地下鉄建設が決まり、工事に先立つ1969（昭和44）年5月で廃止される。

上通で行き交うデハ200形。道玄坂上から大橋までの間は、東京都交通局のトロリーバス102系統が並行していたので、電車の架線吊りにトロリーバスの架線も張られている。架線がクロスする部分にはデッドセクションが設けられていた。
◎デハ205　上通　1960（昭和35）年10月30日

渋谷駅の東急百貨店西館2階の玉川線乗り場を発車した電車は、急勾配を上り道玄坂上で大山街道へ出る。この区間は専用敷で、背後に東急百貨店が見えている渋谷の近くにあっても、そう思わせない雰囲気があった。玉川線廃止後は渋谷駅の乗り場をバス乗り場に転用したので、バス専用道になった。東京〜名古屋間の路線バス会社の共同出資で設立した東名急行バスも、1975（昭和50）年の運行中止までここを渋谷の乗り場としたので、バス専用道に姿を見せた。現在は渋谷マークシティの取付道路となり、駐車場やホテルの車寄せのほか、マークシティ5階のバス乗り場から各地への高速バスが発着している。しかし坂を下るのではなく、ビルの上層階へ上がっていくスロープになり、昔の面影はない。
◎デハ75（左）　デハ72（右）　渋谷〜上通　1956（昭和31）年7月28日

上通駅は1942（昭和17）年、渋谷方の道玄坂上駅と大橋方の大坂上駅を統合して開業した。現在の交差点名で、道玄坂上交番前と道玄坂上の間にあたり、玉電が開業した当時から道幅は変わっていないはずだが、道の両脇はビルが立ち並んだことと、歩道が広くなったことで、昔よりも道幅が狭くなったように思える。この付近は道幅が広かったので、安全地帯が設置されていた。◎デハ33　上通　1960（昭和35）年10月30日

大橋は目黒川に架かる橋で、立派な親柱が見えているが、道路拡幅前でも道幅より橋の長さのほうが短かった。大橋の由来は、道玄坂上から下ってくる大山街道大坂の下にある橋で「大橋」とか。この大坂は勾配がきつかったので、坂の上を削り、上目黒氷川神社前は盛り土をして勾配を緩やかにした新しい道に線路は敷かれている。大橋から三軒茶屋にかけての沿線は近衛兵や騎兵隊、駒沢練兵場などの軍施設があり、大山街道を拡幅して当初から複線で開業している。デハ81は入庫のため折り返し待機中、画面右手に大橋車庫・工場がある。◎デハ81　大橋　1960（昭和35）年1月11日

大橋には玉川電気鉄道時代から車庫と火力発電所が設けられ、電車の保守と送電を担う中枢施設があった。電力は電車の運行のほか、沿線の電灯供給事業にも使われたが、のちに富士瓦斯紡績からの購入電力に切り替えられ、発電所は1913（大正2）年に廃止されている。建物はその後、倉庫として使われたという。昭和初期に蛇行していた目黒川が改修されると、次ページ上の写真の右側に延びる線路の部分が拡張され、工場の拡充と変電所の新設が行われている。次ページ下の写真に見える木造車庫は、開業当時からのものを補修して使われていた。大橋車庫には路面電車の車庫によく見かけるトラバーサーはなく、車庫内の配線は分岐器に頼っていた。玉川線廃止後は東急バス大橋営業所に模様替えし、玉川線代替バスの多くを担当し、150台を超える配置があった。しかし新玉川線開業後は運用が減少し、2002（平成14）年には跡地に首都高速道路大橋ジャンクションを建設するために大橋営業所は閉鎖された。

◎デハ65ほか　大橋車庫　1964（昭和39）年10月11日　写真3枚とも

拡幅工事中の大橋駅。目黒川に架かる
橋は、旧道路の両側に新しい橋を架け
て、中央に残った旧橋の架け替え工事
を行っているようだ。拡幅前は路上か
らの直接乗降だったが、拡幅後は安全
地帯が設けられた。大橋の電停表示の
下に「京王閣」の広告が見えるが、当
時の京王閣は東京都が主催する京王閣
競輪場だった。
◎デハ83　大橋
1963（昭和38）年6月30日

大橋止まりの電車が折り返し下り線か
ら車庫へ入庫するところ。道路交通を
係員が手旗で道路交通を遮断している。
上り線側の出庫線は、車庫出口で入庫
線とクロスして、手前のデハ103の台車
のところで下り線とクロスしたのち上
り線に合流した。デハ80形と並ぶとデ
ハ200形は床が低いだけでなく、背も低
く軽量車体に仕上げているのがわかる。
◎デハ206ほか　大橋
1964（昭和39）年10月16日

オリンピック開催で拡幅が終了した国道246号。当初はオリンピック開催に合わせて銀座線を延伸する計画もあったが、地下鉄方式で建設するには、道路拡幅後の工事ではオリンピック開催に間に合わないので、計画は延期された。その後、銀座線の延長では、溝ノ口から先で計画される田園都市線は二子玉川園駅で乗り換えになること、車両規格の小さい銀座線では将来需要の伸びに輸送力が追いつかなくなる恐れもあることから、1968（昭和43）年の都市交通審議会答申第10号において、東京11号線として「二子玉川方面より三軒茶屋、渋谷、神宮前、永田町、九段下、神保町および大手町の

各方面を経て蛎殻町に至る路線」、のちに半蔵門線として開業する区間が示され、このうち二子玉川園〜渋谷間を新玉川線として東急が建設することが決まる。新玉川線建設と同時に首都高速3号渋谷線を東名高速道路へ接続するための延長工事も決まり、玉川線は工事開始前に廃止され、新玉川線が開業する1977（昭和52）年までの間、バスで代行運転をすることになった。電車の手前に左へ進む架線が見えるが、1956（昭和31）年に開業した東京都交通局のトロリーバス102系統のもの。玉川線より早く、1967（昭和42）年に廃止となった。◎デハ70形　大橋　1964（昭和39）年10月16日

三軒茶屋駅を出てしばらく二子玉川園方面に進むと、曲がりくねった大山街道を避けて電車は専用敷へ入る。蛇崩川沿いの谷間を築堤で横切るためだった。のちに線路の両側に植栽で区切られた道路が開通し、オリンピック開催に向けた道路拡幅で東側に道は広げられたが、電車は西側に専用敷を持ったまま残された。そのため専用敷内にあった玉電中里駅はそのまま残り、大山街道上に戻った上馬駅は、道路中央の電停となった。
◎デハ61　三軒茶屋〜玉電中里
1960（昭和35）年1月11日

三軒茶屋は追分、分かれ道であり、大山街道と登戸道が分岐する。三軒茶屋の地名は「角屋」「信楽」「田中屋」という3軒の茶屋があったことが由来。線路も玉川線と下高井戸線の分岐点で、二子玉川園からの電車が分岐部分を通過中。右側に工事測量をしている人がいるが、この年の秋開催の東京オリンピックに向けて、道路拡幅工事の最中。道路は南側へ拡幅されるが、線路はそのままの位置で残されたので、左側へ偏心する格好になった。
◎デハ52　三軒茶屋
1964（昭和39）年2月16日

前ページの写真から用賀方へ移動、黄色い看
板がまだ見えている。三軒茶屋から先は軍隊
への需要も少なかったので、単線で開業して
いる。電車の前を行くタクシーの先くらいか
ら、大山街道に沿って品川用水が流れ、線路は
用水に沿って走っていたという。のちに線路
は複線化され、用水も暗渠化され道路の拡幅
に使われたが、線路は道路左側に偏心したま
ま走っていた。またこの先の玉川方から用賀
駅付近は大山街道が狭く、また曲がっている
ため専用軌道になっていた。現在は軌道跡が
バス通りになっている。
◎デハ98　桜新町〜用賀
1965（昭和40）年1月10日

桜新町駅から少し西に来たところ。バス停が見えているが、現在の桜新町二丁目のバス停にあたる。桜新町駅は開業当時新町駅といい、線路南側、現在の桜新町交番前の交差点から、深沢八丁目から七丁目にかけてが、新町住宅地として分譲された。この住宅地へ向かう道沿いに桜が植えられ、のちに桜の名所となったため桜新町と駅名が改められた。この付近は道幅が狭いところに新玉川線が建設されたので、複線幅で施工ができず、上下線を2階建てにして建設されている。
◎デハ100　桜新町～用賀
1965（昭和40）年1月10日

玉電瀬田駅を出ると大山街道から離れ、専用軌道で多摩川の河岸段丘を下る。この坂は行善寺坂と呼ばれ、付近は江戸時代から玉川八景と呼ばれた景勝地だった。乗客誘致の目的で1909（明治42）年に玉川遊園地がつくられ、坂の途中に遊園地前駅が開業した。庭園や遊具などが整備されたほか、演芸などが行われた玉川閣、大グランドがあったが、戦時中の1944（昭和19）年に閉園となった。現在は遊園地に勧進した身延山関東別院が残っている。さらに玉電は、玉川駅の南東側に玉川児童園を1922（大正11）年に開園した。1939（昭和14）年に「読売新聞社」と提携し、「よみうり遊園」となり駅名も改称されたが、玉電が東急に合併されると、大井町線の駅と合わせて二子読売園駅となった。戦時中に遊園地は休園となり、駅名も二子玉川駅にされるが、跡地に1954（昭和29）年、二子玉川園が開園、駅名も合わせて改称された。二子玉川園は1985（昭和60）年に閉園となり、現在は二子玉川ライズタワー＆レジデンスと世田谷区立二子玉川公園となっている。電車後ろの道が旧・大山街道、玉川線の跡地を現在田園都市線が走っている。
◎デハ205　玉電瀬田〜二子玉川園　1964（昭和39）年2月16日

102ページから2年半後の二子玉川園駅。1965（昭和40）年より大井町線の二子玉川園駅の高架工事が始まり、玉川線の乗り場は画面の踏切手前に一旦移設し、在来の設備を撤去したのち、ホームをもとに近い位置に戻した。変更後は折り返し線が乗車ホームとなったので、本線分岐が渋谷方に移動している。開業当時の玉川駅は行善寺坂をそのまま直進し、今の二子玉川駅東口付近にあった。溝ノ口延長で二子橋へ取り付ける関係から、駅構内でカーブしてホームに着くように駅が移動している。◎デハ91　二子玉川園　1966（昭和41）年12月19日

大井町線の橋梁工事と新玉川線乗り入れのための高架工事が始まる前の二子玉川園駅。撮影場所が降車ホームで、背後の引き上げ線で折り返し転線して渋谷行きになった。上屋つきホームの反対側は砧線の乗り場。右側に架線柱が見えているが、これは大井町線の電留線で、1929（昭和4）年の目黒蒲田電鉄二子玉川線（現・大井町線）開業当時の二子玉川

駅の位置。二子は多摩川の対岸、橘樹郡高津村の地名。大正時代に二子橋が架かると三業地として発展したので、目黒
蒲田電鉄は荏原郡玉川村にある「二子」への最寄りで二子玉川駅と名づけた。
◎デハ84　二子玉川園　1964（昭和39）年2月16日

砧線

多摩川の砂利輸送を目的として開業した玉川電気鉄道だが、玉川駅で渋谷方向から折り返して延びる砧線は、1924（大正13）年に玉川砂利会社が採掘する砂利の搬出線として開業した。途中の大蔵駅には同社の砂利積み込みホッパーがあり、玉電の無蓋電動貨車のほか、東京市の電動貨車も乗り入れて、東京市内へ砂利運搬を行った。

二子玉川園駅を出た電車は大きく左へカーブし、国道246号（大山街道）を踏切で渡る。踏切保安係員の小屋が見えるので、第1種乙踏切道。保安係員が手旗で道路を交通を遮断しているが、右側の遮断機が見当たらないので、故障対応のようだ。◎デハ63　二子玉川園〜中耕地　1964（昭和39）年2月16日

吉沢駅に砧本村行きの電車が到着する。踏切の背後に急カーブがあり、砧線の電車は連結運転ができなかったので、京浜急行から振れ角の大きいK2A密着連結器を購入して改造し連結運転をできるようにした。踏切道から先は「花みず木通り（砧線跡）」となり、急カーブの部分も遊歩道として残っている。吉沢駅跡は砧方面への道路となった。
◎デハ63　吉沢　1964（昭和39）年2月16日

吉沢駅を出ると野川を渡る。以前は橋脚の多いデッキガーター橋だったが、河川改修で橋脚がないプレートーガーター橋に架け替えられている。画面右端に見えているのが吉沢駅、左手側が砧本村方面で、多摩川と野川の合流地点の旧河道に砂利採掘場所を求めた。採掘跡地は現在、東京都市大学総合グラウンドや、ゆうぽうと世田谷になっている。
◎デハ63　吉沢〜砧本村　1964（昭和39）年2月16日

終点の砧本村（きぬたほんむら）にデハ63が到着。開業当時は砧駅だったが、1961（昭和36）年2月に改称された。1963
（昭和38）年ごろ、終端の架線柱が木製から鋼製に交換され、ホームが整備されている。乗車ホーム手前に乗車券発売所、
その奥、通りに接したところに砧売店がある。廃止間際は乗車発売所はなくなり、切符は売店で委託販売されていた。
砧線は大井町線の二子玉川〜溝ノ口間と合わせて1945（昭和20）年に軌道線から鉄道線に転換されたので、二子玉川園
から先の大井町線へは通しの切符が発売されていた。砧駅からも砂利が搬出されていて、ホーム左側は貨物側線の跡地。

砂利採取は1934（昭和9）年に多摩川二子橋以南の採掘が禁止され、その後も堤外地の旧河道での採掘は続いたが、1939（昭和14）年を最後に玉川電気鉄道の貨物輸送は廃止となる。その後、堤外地の採掘跡は池として昭和30年代まで残っていた。背後の建物は1932（昭和7）年に新設された、わかもと製薬東京工場。土地は1967（昭和42）年に駒澤大学に売却され、現在同大学の玉川グラウンドになっている。駅の跡地は東急バスの折り返し場となり、現在も鉄道時代のホーム上屋を移築したものが、乗り場の屋根として使われている。◎デハ63　砧本村　1964（昭和39）年2月16日

下高井戸線

1907(明治40)年に玉川電気鉄道が、1913(大正2)年に京王電気軌道が開業し、世田谷村の北と南に鉄道が通った。しかしその間に挟まれた世田谷地域の発展のため、江戸時代彦根藩世田谷領代官だった大場家を中心に玉川電気鉄道に鉄道建設を働きかけ、鉄道用地の無償提供なども行い、1925(大正14)年に支線の下高井戸線(三軒茶屋〜世田谷〜下高井戸)が開業した。

下高井戸駅を出発する渋谷行き、デハ30形の2連。戦時中の1944（昭和19）年ごろ東急京王線だった時代に、どちらも軌間1,372mm架線電圧600Vと同じ規格だったため、下高井戸線と京王線の間に連絡線が設けられた。下高井戸線のホーム端に（2両目の電車の位置）で分岐し、京王線下りホーム裏を（コンクリート柵が見えるあたり）を通って、京王線下り線に接続していた。通過したのは電動貨車で、桜上水と大橋の工場の間で部品の輸送が行われた。しかし1948（昭和23）年に京王帝都電鉄が発足すると工場間の関連も薄くなり、京王線のホーム延長の必要もあったため、1954（昭和29）年ごろ連絡線は撤去された。◎デハ38　下高井戸　1964（昭和39）年11月20日

玉電山下駅は1925（大正14）年に山下駅として開業した。東京横浜電鉄に合併後の1939（昭和14）年に玉電山下駅に改称。1969（昭和44）年に世田谷線になったとき、山下駅に戻されている。乗り越す線路は小田急小田原線。左手すぐに豪徳寺駅があり、玉電山下駅から山下商店街を抜けると豪徳寺駅前に出られる。背後の煙突のある建物は1959（昭和34）年建築の協和銀行（現・りそな銀行）豪徳寺支店。建物は2013（平成25）年に建て替えられるが、煙突は平成までになくなっている。◎デハ101　玉電山下　1961（昭和36）年7月29日

玉電松原駅は山下駅寄りにあった六所神社前駅と、下高井戸駅寄りにあった七軒町を統合する形で、1949（昭和24）年に両駅の中間に開業した。1969（昭和44）年に世田谷線になったとき、松原駅に改称されている。
◎デハ153　玉電松原　1964（昭和39）年10月17日

雪景色を走るデハ40形。左側の公園は赤松公園で、電車は下高井戸に向かって走っている。が、行先は「渋谷」に変えられている。他の写真でも同様な例があるので、玉電松原駅で変えていたのであろうか。
◎デハ46　玉電松原〜下高井戸　1965（昭和40）年1月30日

世田谷線

　1969（昭和44）年5月10日限りで、玉川線は新玉川線建設工事のため廃止されるが、下高井戸線は新玉川線とはルートが異なること、全線専用軌道で道路渋滞とは無縁であることから存続が決定し、世田谷線として新たなスタートを切った。

三軒茶屋駅を出て下高井戸駅に向かうデハ70形。世田谷通りに接した駅の位置は変わらないが、終点化で2面1線のホームに改められた。現在は再開発ビル「キャロットタワー」1階に駅が移転したので、画面のカーブ先まで200mほど線路が短くなっている。◎デハ76　三軒茶屋　1970（昭和45）年4月24日

世田谷駅停車中のデハ76＋デハ75。「連結2人のり」改造がなされ、片運転台化2両固定編成、先頭側運転台への乗務員確認窓の新設、両端扉の1枚引戸化が行われた。しかし路面電車対応とはいえ床は高く、子どもが乗り降りするのには大変そう。電車の低床化とホームの嵩上げで、電車の床とホームの段差がなくなるのは、300系に電車が統一された2001（平成13）年のことである。◎デハ76　世田谷　1970（昭和45）年4月24日

玉川線廃止で大橋車庫は使えなくなるので、上町駅隣接地に世田谷線用の車庫が設けられた。下高井戸方面ホームを踏切手前に移設し、かつての貨物扱い施設跡地と合わせて車庫用地を確保している。留置線に停まっているのはデハ88で、連結2人のり工事の対象から外れ、江ノ島鎌倉観光へ譲渡されることになる。
◎デハ78　上町　1970（昭和45）年4月24日

玉川線の車両アルバム

デハ30形

1927（昭和2）年に玉川電気鉄道が製造した46号形で、汽車製造で46〜52、日本車輌で53〜55の10両がつくられた。1942（昭和17）年の東京急行電鉄成立時にデハ30〜39に改番。中央扉設置、運転台嵩上げによる客室部との間の段差廃止、車体延長による運転台拡大・小窓設置、連結器装備、間接制御器化などの改造を受けている。デハ35は事故復旧の際にモーターをデハ40形に合わせたため、デハ52に改番して40形に編入、空番を避けるためデハ30をデハ35（2代）に改番している。中扉のステップは手動式なので、係員がいる駅のみで扱われた。1969（昭和44）年の玉川線廃止時に廃車される。
◎デハ34　松原付近　1964（昭和39）年8月16日

玉川線が廃止になる1969（昭和44）年までは、玉川電気鉄道引き継ぎのデハ30形、デハ40形をはじめ、タルゴ式1軸連接車の200形など8形式の車両が活躍していた。

デハ40形

　1928（昭和3）年に玉川電気鉄道が製造した56号形で、日本車輌で56〜66の11両がつくられた。当初から中央扉つき半鋼製車だが、運転台部分は低床で、2枚引戸を装備する。1942（昭和17）年の東京急行電鉄成立時にデハ41〜51に改番、のちにデハ35（初代）出自のデハ52が編入される。戦後、二段上昇窓化、運転台嵩上げによる客室部との間の段差廃止、車体延長による運転台拡大・小窓設置、連結器装備、間接制御器化などの改造を受けている。1969（昭和44）年の玉川線廃止時に廃車される。
◎デハ48　玉電山下付近　1961（昭和36）年7月29日

デハ60形

東京横浜電鉄に合併後の1939(昭和14)年に、31号形の木造車を鋼体化し、川崎車輌で71号形71〜75の5両がつくられた。大型二段上昇窓と鋼製屋根、ステップつきの中扉を装備する。1942(昭和17)年の東京急行電鉄成立時にデハ61〜65に改番。1949(昭和24)年に連結器装備、間接制御器化、1957(昭和32)年に両端扉の2枚引戸化と窓配置の変更が行われる。1958(昭和33)年ごろから鉄道線である砧線専用車になるが、在来の玉川線の連結器では振り角が小さく、急カーブがある砧線では連結運転ができず続行運転を行っていたため、61+62、63+64の間で連結運転ができるように、京浜急行電鉄から地下鉄乗り入れ対応で交換されたK2A密着連結器を譲受して装備した。1969(昭和44)年の玉川線廃止時に砧線も廃止され、廃車される。写真のデハ62は両端扉の2枚引戸化と窓配置の変更の改造を受ける前。
◎デハ62　道玄坂上付近　1956(昭和31)年7月28日

デハ70形

東京急行電鉄発足後の1943（昭和18）年から1946（昭和21）年に川崎車輛で8両つくられたデハ71〜78。当初から連結運転が考慮され、間接制御器とSME直通ブレーキを装備している。しかし連結運転開始は、他の車も連結運転対応工事が始まった1949（昭和24）年以降。デハ60形に似ているが、両端扉は2枚引戸を採用している。1967（昭和42）年から翌年にかけて「連結2人のり」改造が行われ、片運転台化、先頭側運転台への乗務員確認窓の新設、両端扉の1枚引戸化が行われている（改造後の写真は113ページ参照）。その後の車体更新でデハ80形に似た車体となり、台車も新造品に交換されたが、300系への置き換えで、2000（平成12）年までに引退した。

◎デハ72　大橋　1963（昭和38）年6月30日

デハ80形

戦後の新型車として1949（昭和24）年にデハ81〜84が日立製作所、デハ85〜86が東急横浜製作所で新造された。続いて1950（昭和25）年から1953（昭和28）年にかけて、木造車デハ1形鋼体化名目で、デハ88〜102が東急車輌（東急横浜製作所が社名変更）、デハ20形鋼体化名目でデハ87が日立製作所、デハ103〜108が川崎車輌で車体を新造、大橋工場で最終艤装を行って落成した。
◎デハ83　松原付近　1964（昭和39）年5月10日

1967（昭和42）年からデハ81〜84が「連結2人のり」改造を受け、片運転台化、中扉へのステップ取り付け、扉幅変更が行われる。1969（昭和44）年の玉川線廃止でデハ87〜103が廃車され、デハ104〜107は空番を詰めデハ87（2代）〜90（2代）に改番されるが、1970（昭和45）年に江ノ島鎌倉観光へ譲渡される。残ったデハ85と86は検査時の代走車として両運転台のまま「連結2人のり」対応工事がなされた。末期は新造台車によりカルダン駆動化されていたが、1999（平成11）年より足回りを300系へ譲るために廃車が始まり、2001（平成13）年に全廃された。
◎デハ86＋デハ85　三軒茶屋付近　1970（昭和45）年4月24日

デハ200形

1955（昭和30）年に東急車輌で6編成が製造された日本最初で唯一のタルゴ式1軸連接車。全長21mで自重22tという超軽量構造に加え、床面高さ590mmの超低床車体にするため、直径510mmの小径車輪を採用して、中間歯車を介する平行軸カルダン駆動を採用するなど、新機軸を詰め込んで設計された。玉電のスターとして活躍したが、中部車掌の乗務や保守に手間がかかったほか、軽量車体ゆえの車体の傷みの早さもあって、1969（昭和44）年の玉川線廃止とともに廃車さ

れた。廃車後多摩川園に保存されたデハ204は、東急電車とバスの博物館に移り、現在も静態保存されている。なお、このころは連接車の車体で車号を分けるお達しはなく、前後の車両とも同じ車番だった。
◎デハ206　大橋　1964（昭和39）年10月16日

デハ150形

1964（昭和39）年に東京オリンピック開催で拡張された国道246号と合わせ、朝ラッシュ時の全編成2両化のために不足する車両分を東急車輌で4両製造した。デハ200形に対して実用的な新車となりながら、耐候性高抗張力鋼を用いてバット社のオールステンレス鋼体の組み立てと同じスポット溶接を用い、側面にはコルゲート板が張られている。玉川線廃止前に「連結2人のり」改造がなされ、その後の更新で片運転化される。2001（平成13）年に300系と交代して廃車。囲まれたバスは左から東急バスのトヨタDR、いすゞBA、日産ディーゼル4R、小田急バスの三菱MR。
◎デハ152　渋谷上通　1965（昭和40）年1月17日

電動貨車

1924（大正13）年に横浜船渠製の電動有蓋貨車、京浜電気鉄道デワ1009が、東急合併で京浜線デワ5013となり、1943（昭和18）年に玉川線の貨物牽引用として改軌のうえ移動しデワ3031となった。1950（昭和25）年に無蓋電動貨車に改造されデト3031となる。牽引する貨車は社用品輸送用の玉電引き継ぎの無蓋貨車で、1967（昭和42）年の廃車時までバッファつき連環連結器のままであった。◎デト3031　大橋車庫　1960（昭和35）年1月11日

昭和30年前後の東急からの譲渡先各線の時刻表

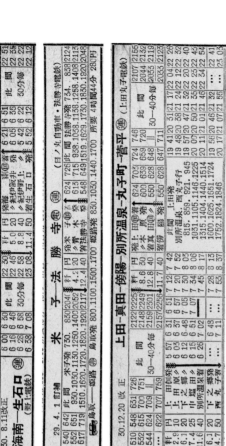
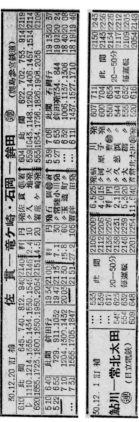

第3章

他社へ譲渡された
東京急行電鉄の車両

- ・日立電鉄
- ・伊豆箱根鉄道 大雄山線
- ・福井鉄道 南越線
- ・野上電気鉄道
- ・日ノ丸自動車 法勝寺電鉄線
- ・静岡鉄道 秋葉線
- ・静岡鉄道 静岡清水線
- ・上田丸子電鉄
- ・京福電気鉄道 福井支社
- ・庄内交通 湯野浜線
- ・秋田中央交通
- ・鹿島参宮鉄道
- ・江ノ島鎌倉観光
- ・長崎電気軌道

他社へ譲渡された
東京急行電鉄の車両

　東京急行電鉄の車両は多くの会社に譲渡されている。これを大まかに分類すると、古くは昭和初期に譲渡された鉄道省から払い下げを受けた院電。戦前に譲渡された元・池上電鉄の車両。戦中に譲渡された元・目蒲線の車両、東横線の気動車。戦後の国鉄63形導入に伴う中小私鉄への供出車両。昭和30〜40年代に譲渡された半鋼製車両。昭和50年代以降に

は戦災復旧電車の更新車や戦後標準型。1980年代からは5000系に始まる新性能電車となる。その中でヒギンズさんの写真から他社へ譲渡された車両を紹介。ただし、元・小田急、京王、相鉄の出自の車と、相模鉄道の2000系になったあと譲渡された車は既出のため、ここでは割愛した。

7000系は営団地下鉄日比谷線乗り入れ対応として1962（昭和37）年に登場。1988（昭和63）年から譲渡が始まり、東急時代に7700系に改造された車両も含め、弘南鉄道、福島交通、秩父鉄道、北陸鉄道、養老鉄道、水間鉄道に譲渡された。写真のデハ7036は目蒲線で1991（平成3）年まで活躍したのち、秩父鉄道のデハ2301となった。
◎デハ7036　祐天寺　1964（昭和39）年10月11日

日立電鉄

　日立電鉄には目黒蒲田電鉄が輸送力増強用に鉄道省から払い下げを受けた院電（明治時代の鉄道院のころに導入された木造電車）を出自とする車が２両

と、小田急・相鉄の譲渡車で紹介した東横電鉄キハ１出自の車、模鉄道の電気式気動車出自の車が譲渡されている。

　右のクハ141は、1912（明治45）年鉄道院新橋工場製のホデ6110形が出自であり、改番でナデ6110形、デハ6260形となる。車号は鉄道院ホデ6123からナデ6123、デハ6273を経て目黒蒲田電鉄デハ35という書類上の経歴だが、実車は1925（大正14）年の払い下げ時にホデ6130（デハ6281）と振り替えられている。目黒蒲田電鉄では1929（昭和４）年に芝浦製作所へ譲渡、1932（昭和７）年に鶴見臨港鉄道に引き継がれモハ201に改番、1940（昭和115）年にモハ141に改番ののち1943（昭和18）年に同番号のまま国有化、1948（昭和23）年に日立電鉄に譲渡されクハ141となる。1964（昭和39）年に廃車になり、その後、久慈浜駅で倉庫として余生を送った。日立電鉄へ行ったもう１両は廃車後大井工場へ里帰りして明治時代の姿に復元、現在は鉄道博物館で展示されている。中央のモハ13は相模鉄道キハ1000で、東急の経営委託時代に日立電鉄へやってきたが、日立側の受け入れ体制が整うまでの期間、東横線で使われた実績がある。左のモハ11は日立製作所が営団銀座線用に製作した電車を、輸送が逼迫していた日立電鉄へ急遽振り向けた車両。◎クハ141　鮎川　1956（昭和31）年12月

伊豆箱根鉄道 大雄山線

目黒蒲田電鉄から駿豆鉄道へは院電出自の車が7両譲渡されている。

目黒蒲田電鉄は鉄道省の中央線・山手線の昇圧により、今まで使用してきた電車のうち、22両の払い下げを受けた。1925（大正14）年に払下げを受けた8両は目黒蒲田電鉄デハ30形になり、そのうち芝浦製作所へ行かなかった7両が1927（昭和2）年から1929（昭和4）年にかけて駿豆鉄道に譲渡されデハ30形になっている。各車両の車号の変化は以下の通り。
ホデ6119→ナデ6119→デハ6269→目蒲デハ31→モハ31→駿豆デハ31→モハ31→伊豆箱根モハ31
ホデ6120→ナデ6120→デハ6270→目蒲デハ32→モハ32→駿豆デハ32→モハ32→伊豆箱根モハ32
ホデ6121→ナデ6121→デハ6271→目蒲デハ33→モハ33→駿豆デハ33→モハ33→伊豆箱根モハ33
ホデ6131→ナデ6131→デハ6282→デハ6272→目蒲デハ34→モハ34→駿豆デハ34→モハ34→伊豆箱根モハ34
ホデ6125→ナデ6125→デハ6275→目蒲デハ36→モハ36→駿豆デハ35→モロハニ35→モハニ35→モハ35→クハ24
→伊豆箱根クハ24
ホデ6127→ナデ6127→デハ6277→目蒲デハ37→モハ37→駿豆デハ36→モロハニ36→モハニ36→モハ36→伊豆箱根モハ36
ホデ6128→ナデ6128→デハ6278→目蒲デハ38→モハ38→駿豆デハ37→モロハニ37→モハニ37→モハ37→伊豆箱根モハ37
駿豆線で使われていたモハ30形だが、1941（昭和16）年に大雄山鉄道を合併後に大雄山線へ移動し、昭和30年代中ごろまで使われていた。◎モハ31　大雄山線内　1956（昭和31）年7月22日

デハ34は、1925（大正14）年の目黒蒲田電鉄への払い下げ前にホデ6131（デハ6282）と番号が振り替えられている。本来のデハ6272は、1926（大正15）年に駿豆鉄道に払い下げられデハ23となっている。五百羅漢駅の大雄山方、交差する線路は小田急線。◎モハ34　五百羅漢　1956（昭和31）年7月22日

前ページから5年後のモハ31。新塗装に塗り替えられた。◎モハ31　飯田岡付近　1961（昭和36）年11月26日

福井鉄道 南越線

目黒蒲田電鉄から福武電気鉄道には院電出自の電車が2両譲渡されている。

出自は1913（大正2）年から1914（大正3）年にかけて鉄道院新橋工場で製造された鉄道院ナデ6110形。改番でデハ6385形になったものを1925（大正14）年に払い下げを受けて目黒蒲田電鉄デハ40形とした。1927（昭和2）年には福武電気鉄道に譲渡され、デハ4形となる。
車号の変化は以下のとおり。
ナデ6143→デハ6295→目黒蒲田電鉄デハ43→目蒲モハ43→福武電気鉄道デハ4
ナデ6136→デハ6288→目黒蒲田電鉄デハ44→目蒲モハ44→福武電気鉄道デハ5
デハ5は1933（昭和8）年、デハ4は1935（昭和10）年に廃車となり、このとき発生した電装品でデキ1が製造されている。
その後、デハ5は南越線用の客車スハフ11形スハフ11として車籍復活。1948（昭和23）年に再電装化されモハ111形モハ111となり、1955（昭和30）年に鋼体化され写真のような姿になる。
大きく弧を描いて終点の戸ノ口駅へ進入するモハ111。南越鉄道時代に駅の先から大きく左へ曲がり鯖江市街地方面へ敷設免許を持っていたが、線路が敷かれることはなかった。駅の先に少しつくられた路盤が見えている。南越線では電気機関車の代わりとしても使われた。◎モハ111　戸ノ口　1964（昭和39）年5月22日

経歴上は目黒蒲田電鉄とはまったく関係はないが、福武電気鉄道デハ4形の電装品や台車を使って1935（昭和10）年に芝浦製作所で製造した同社デキ1形デキ1。福武線や鯖浦線の貨物列車牽引に使用された。1975（昭和50）年にモハ111が事故廃車されると南越線へ移動、1981（昭和56）年の同線廃止まで使われた。その後は西武生駅構内で使われることなく留置され、1986（昭和61）年に廃車された。◎デキ1　佐々生　1964（昭和39）年5月22日

野上電気鉄道

野上電気鉄道には池上電気鉄道出自の車両が1両譲渡されている。

1925（大正14）年に日本車輌で製造した池上電気鉄道甲号形デハ5で、1934（昭和9）年に目黒蒲田電鉄に合併されモハ15形モハ17となるが、1935（昭和10）年に野上電気鉄道に譲渡され同社モハ20形モハ21となる。1957（昭和32）年にクハ103に改造と同時に鋼体化されるが、実際には八日市鉄道レカ102を出自とするモハ24（初代）の車体を用いて鋼体化改造がなされた。◎モハ21　日方　1956（昭和31）年10月

1957（昭和32）年の鋼体化改造で余った車体は再利用する予定で北山駅に残されたが、2年ほどで解体された。
◎北山　1958（昭和33）年12月27日

日ノ丸自動車 法勝寺電鉄線

　日ノ丸自動車法勝寺電鉄線には、伯陽電鉄時代に池上電気鉄道から2両、山陰中央鉄道時代に目黒蒲田電鉄から相模鉄道、静岡鉄道を経て来た1両がいた。

　出自は書類上1922（大正11）年に日本車輌製の駿遠電気モハ20形モハ22とモハ24を、1922年10月の池上電気鉄道の蒲田〜池上間開業用に新造した電車が間に合わないため急遽調達し、乙号形デハ1とデハ2とした。デハ200形が導入されると1930（昭和5）年に伯陽電鉄に貸し出し、翌年譲渡、同社の乙形デハ4とデハ5となる。伯陽電鉄は1944（昭和19）年、戦時統合で広瀬鉄道と合併して山陰中央鉄道になるが、1953（昭和28）年に地元のバス会社に吸収合併され日ノ丸自動車法勝寺電鉄線となる。1958（昭和33）年の改番でデ形デハ201とデハ203となった。鉄道線は1967（昭和42）年に全線廃止されるが、デハ203は西伯町立西伯小学校内で保存されていた。その後、修復復元作業が行われたのち2015（平成27）年から南部町の「法勝寺電車ひろば」で保存展示されている。◎デハ5　米子市付近　1957（昭和32）年4月22日

出自は1923（大正12）年の目黒蒲田電鉄開業時に用意された汽車会社製のデハ6形デハ8。モハ1形モハ8に改番後、モハ1形は全10両が経営委託されていた神中鉄道線の電化時に600Vで電化された横浜〜二俣川間で使用するために異動する。合併で相模鉄道になったのち、国鉄63形導入に対する中小私鉄への供出で5両が1946（昭和21）年に静岡鉄道に譲渡されモハ1形モハ8となり、1948（昭和23）年の山陰中央鉄道時代に再譲渡されデ形デハ7となる。1958（昭和33）年の改番でデ形デハ207となった。2両目の2軸客車は法勝寺鉄道が1924（大正13）年の開業時に愛知電気鉄道の電1形電9の譲渡を受け、甲形電1としたものを、1954（昭和29）年に電装解除して客車化してフ53としたもの。電動車時代はラジアル台車を履いていたが、客車改造後は普通の2軸車に改造されている。3両目の2軸客車は同じく開業時に愛知電気鉄道の附1形の附64の譲渡を受けたフ51。◎デハ207　米子市　1962（昭和37）年6月2日

静岡鉄道 秋葉線

　玉川電気軌道が開業時に用意した電車を、玉川線改軌時に駿遠電気へ譲渡されたもの。秋葉線の改軌電化時に同線に移動している。

出自は玉川電気鉄道が1914（大正３）年に増備した天野車輌製の付随客車。東京市電へ乗り入れを行うため1920（大正９）年に軌間1,067mmから1,372mmに改軌したとき、駿遠電気へ譲渡され客車の四輪車形サハ１～３となり清水市内線で使われる。1926（大正15）年の秋葉線電化改軌時に秋葉線に異動し、1954（昭和29）年にハ１～３に改番された。妻面に窓はなかったが、窓が付けられている。◎ハ２　平宇　1960（昭和35）年１月２日

静岡鉄道 静岡清水線

　戦災で大きな被害を受けた静岡鉄道静岡清水線には、目黒蒲田電鉄のモハ1形を相模鉄道経由で5両譲渡。うち2両は上田丸子鉄道と山陰中央鉄道へ再譲渡されて3両が残った。

　静岡鉄道に残った目黒蒲田電鉄のモハ1形は、モハ1、モハ2、モハ7で、最終的にモハ2（2代）、クモハ2、クハ2となる。静岡鉄道での来歴は1946（昭和21）年に1形モハ1・2・7として落成。モハ1は1954（昭和29）年に長沼工場で従来の窓割りで鋼体化、1961（昭和36）年に制御車化されクハ1（3代）となり、1965（昭和40）年に3両編成化のため中間電動車化されモハ2（2代）となる。他の車より幅が狭いので張り出しステップが設けられている。モハ2はモハ7を制御車化したクハ2と1953（昭和28）年に2両編成化、1955（昭和30）年に2両揃ってドアを内側に寄せた同じ車体で鋼体化され整った編成となる。1965（昭和40）年の3両編成化のときに形式は3両とも2形とされ、モハ2（初代）はクモハ2に改番し、クモハ2＋モハ2（2代）＋クハ2の編成を組んだ。さらに当時の急行バスのカラーであったエンジとクリーム色に塗り替えられ、1970（昭和45）年まで活躍した。◎クモハ2＋クハ2　草薙付近　1963（昭和38）年6月23日

◎クモハ2＋モハ2＋クハ2　草薙付近　1965（昭和40）年2月17日

◎クモハ2＋モハ2＋クハ2　草薙付近　1967（昭和42）年1月2日

静岡鉄道静岡清水線には池上電気鉄道デハ100形出自の車も2両譲渡されている。

1928（昭和3）年、池上電気鉄道のデハ100形として汽車会社で新造。目黒蒲田電鉄モハ120形になり、大東急成立の改番
でデハ3250形となる。昭和産まれの半鋼製車体を持つが、制御器にデッカーシステムを採用していたため、目黒蒲田電
鉄や東京横浜電鉄の車両と連結運転ができず、運輸省規格型車両のデハ3700系が導入されると見返りで中小私鉄に車両
供出が必要な事からデハ3250形が選ばれ、1949（昭和24）年に静岡鉄道へ2両譲渡された。車番の経歴は以下のとおり。
池上デハ101→目蒲モハ120→東急デハ3251→静岡モハ500→モハ16→クモハ16
池上デハ102→目蒲モハ121→東急デハ3251→静岡モハ501→モハ17→クモハ17
当時の静岡鉄道は14～15m級の電車が主力だったが、17m級とひとまわり大きかったためか、500形と大きい数字が与
えられた。1954（昭和29）年の一斉改番で自社発注の5形モハ15の続き番号になる16形、モハ16とモハ17となる。17m級
の大型車体を生かして単行運転で使われていた。◎モハ16　柚木付近　1958（昭和33）年7月19日

100系のクモハ107からの編成は2両固定編成で登場したこともあってか、モハ16とモハ17も2両固定編成化され形式も
クモハに変わった。◎クモハ16＋クモハ17　長沼付近　1967（昭和42）年1月3日

1969（昭和44）年に車体更新が行われ、鋼製張り上げ屋根化、ノーシルノーヘッダー化、上段Hゴム固定の2段窓化されたほか、正面のスタイルも当時新製していた350形と同型にされた。ここまで手を加えたにもかかわらず、骨組みは従来のままで扉も片開き3か所のままとされたので、1975（昭和50）年のワンマン化対応から外され廃車となった。
◎クモハ17＋クモハ16　桜橋付近　1973（昭和48）年5月2日

上田丸子電鉄

上田丸子電鉄（現・上田電鉄）は五島慶太氏の出身地を走り、古くから東急とかかわり合いが深い。その ため多くの電車が譲渡されているが、その中からヒギンズさんが撮影したものを紹介する。

出自は1923（大正12）年の目黒蒲田電鉄開業時に用意された汽車会社製のデハ1形デハ4とデハ5、デハ6形デハ9とデハ10の計4両が上田丸子電鉄に譲渡された。
経歴は
目蒲デハ4→モハ4→神中モハ4→1947（昭和22）年上田モハ11→モハ3211→越後ホハ33
目蒲デハ5→モハ5→神中モハ5→1947（昭和22）年上田モハ12→モハ3212→越後ホハ34
目蒲デハ9→モハ9→神中モハ9→静鉄モハ9→1949（昭和24）年上田モハ14→モハ3214→モハ3224
目蒲デハ10→モハ10→神中モハ10→1947（昭和22）年上田モハ13→モハ3213→モハ3223
西丸子線で使われていたモハ3211と3212は更新で運転台が広くなりドアの移設を受けたが、原形に近い形で使われ、1963（昭和38）年の同線休止後は越後交通へ移った。
モハ14は1947（昭和22）年に静岡鉄道に譲渡されたのち上田にやってきている。
モハ3213とモハ3214は148ページにて紹介する。
◎モハ3212　下之郷　1959（昭和34）年12月26日

出自は1925（大正14）年に藤永田造船所で製造された目黒蒲田電鉄モハ100形で、大東急時代にデハ3100形となる。デハ3110 〜デハ3112の3両は1958（昭和33）年の全線の昇圧完了時に改造されずに上田丸子電鉄へ譲渡され、モハ4360形モハ4361〜モハ4363となった。入線時に運転台後の扉を内側へ移設している。丸子線所属で1969（昭和44）年の同線廃線まで使われたが、別所線でも使われていた時期があったようだ。◎モハ4363　下之郷　1959（昭和34）年12月26日

モハ3213とモハ3214は、秋田鉄道と飯山鉄道のガソリンカーを客車化した車体に電装品を移設する形で、車体の鋼体化が行われた。姿はすっかり変わったが、車籍はモハのものを引き継いでいる。

モハ3213は1956（昭和31）年にサハ25の車体をもらいモハ3221に、1957（昭和32）年にモハ3223へ改番。サハ25は1931（昭和6）年日本車輌支店製の飯山鉄道キハニ105が出自で、国有化後1950（昭和25）年に上田丸子電鉄に譲渡されサハ20形サハ25となり、廃車後にその遊休車体を鋼体化に使用した。モハ3214は1956（昭和31）年にサハ26の車体をもらいモハ3222に、1957（昭和32）年にモハ3224へ改番。サハ26は1933（昭和8）年日本車輌製の秋田鉄道ジハ6が出自で、1934（昭

和9）年の秋田鉄道の国有化で鉄道省キハ36470となり、さらにキハ40300に改番されたのち、1937（昭和12）年に東武鉄道キハ20形キハ21となり、1951（昭和26）年に上田丸子電鉄に譲渡されサハ20形サハ26となる。八日堂駅は現在のしなの鉄道信濃国分寺駅近く。上田丸子電鉄丸子線廃線後、線路敷きは信越本線の複線化用地に使われている。
◎モハ3223＋モハ3224　八日堂　1964（昭和39）年8月3日

京福電気鉄道 福井支社

京福電気鉄道福井支社には元・池上のデハ3250形が4両とデハ3300形が4両譲渡されている。デハ

3300形改め京福デハ281形は1975（昭和50）年の譲渡で、ヒギンズさんは撮っていない。

1928（昭和3）年と1930（昭和5）年の汽車会社製の池上電気鉄道デハ100形とデハ200形は大東急時代にデハ3250形にまとめられたが、制御器の関係で他車と連結ができなかったので、半鋼製の車体を持ちながら、戦後すぐに供出車両となり、戦災と福井地震で大きな被害を受けた京福電気鉄道福井支社へ4両が譲渡されホデハ301形となった。
経歴は
池上デハ104→目蒲モハ123→東急デハ3254→1948（昭和23）年京福ホデハ304→モハ304
池上デハ105→目蒲モハ124→東急デハ3255→1947（昭和22）年京福ホデハ301→モハ301
池上デハ201→目蒲モハ130→東急デハ3256→1947（昭和22）年京福ホデハ302→モハ302
池上デハ202→目蒲モハ131→東急デハ3257→1947（昭和22）年京福ホデハ303→モハ303
ほぼ同型の車体だが、デハ100形は貫通扉を持ち運転台は左側、デハ200形は非貫通で運転台は中央にある。京福の中では17m級の大きめの車で重宝され、1973（昭和48）年にモハ301形に改番。南海からのモハ2001形・モハ3001形が主力となったあとの1978（昭和53）年まで活躍した。◎ホデハ303　西長田　1964（昭和39）年5月29日

池上電気鉄道デハ100形出自の車は貫通扉がつく。田原町駅の西方にて。
◎ホデハ304　田原町付近　1964（昭和39）年5月29日

末期は薄クリームにマルーンの帯の塗装で、窓のHゴム化も行われている。
◎モハ301　追分口　1975（昭和50）年5月1日

庄内交通 湯野浜線

庄内交通にもデハ3250形が2両譲渡されている。

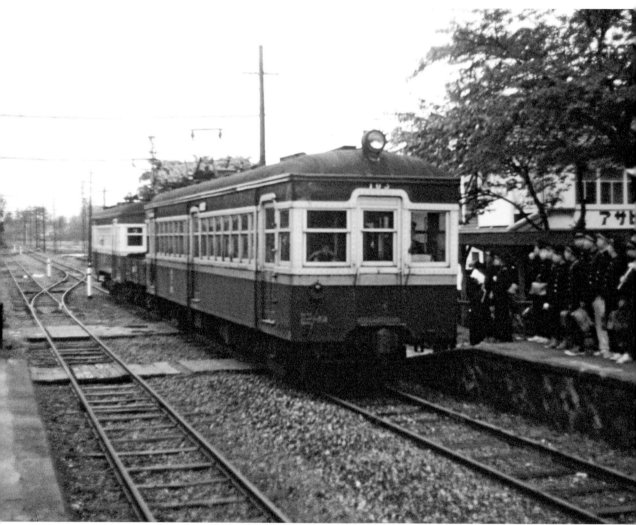

1928（昭和3）年と1930（昭和5）年の汽車会社製の池上電気鉄道デハ100形とデハ200形を出自とする車両が、東急デハ3250形になったあと庄内交通に1両ずつ譲渡されている。
経歴は、
池上デハ103→目蒲モハ122→東急デハ3253→1948（昭和23）年庄内交通デハ103
池上デハ203→目蒲モハ132→東急デハ3258→1947（昭和22）年庄内交通デハ101
開業時に用意した14m級電車が3両しかいなかった庄内交通にとって、大幅な輸送力強化となった。また電気機関車を持たなかったので、貨車は電車に牽引されるが、営業列車の中間に貨車をはさんでいる。
◎デハ103　善法寺　1957（昭和32）年5月26日

秋田中央交通

秋田中央交通へは有蓋電動貨車が3両譲渡されている。

秋田中央交通は戦後の石炭高騰のため、新潟鉄道管理局の指導もあり1950（昭和25）年に電化した。このとき南海電鉄からED401を購入したが、重量過多で使用に堪えず、かわりに1956（昭和31）年に東京急行電鉄からデワ3000形の譲渡を受けた。その後、無蓋電動貨車デトを改造したデワが2両増備される。経歴は、1926（大正15）年藤永田造船所製造の目黒蒲田電鉄モワ1形モワ1、東京急行電鉄発足でデワ3000形デワ3002となり、1951（昭和26）年に秋田中央交通デワ3000形デワ3002となる。デワ3001は目黒蒲田電鉄の1926（大正15）年藤永田造船所製造モト1形モト5が出自で、東京急行電鉄発足でデト3010形デト3015となり、1953（昭和28）年に有蓋電動貨車に改造、2代目デワ3002となった。秋田中央交通に譲渡されたとき、車番の重複を避けるためデワ3001となる。デワ3003は1926（大正15）年藤永田造船所製造の目黒蒲田電鉄モト4が出自。1931（昭和6）年に有蓋電動貨車になりモワ3形モワ3に、東京急行電鉄発足でデワ3000形デワ3003となり、1952（昭和27）年に長岡鉄道に譲渡されモワ100形モワ101に、1960（昭和35）年に秋田中央交通へ譲渡されデワ3003になった。◎デワ3002　五城目　1957（昭和32）年5月25日

鹿島参宮鉄道

鹿島参宮鉄道（のちの関東鉄道鉾田線→鹿島鉄道）には東京横浜電鉄キハ1形が2両が来た。

1936（昭和11）年に川崎車輌で製造された東京横浜電鉄のキハ1形は、コスト削減のため綿密な原価計算のうえ東横線の急行用として用意されたが、上り列車の多摩川園から田園調布への上り坂は出力不足で電車とのダイヤ調整に苦労していた。さらに日中戦争勃発でガソリン価格が高騰し運用を持て余したため、キハ2、キハ8の2両は早くも1938（昭和13）年に五日市鉄道に貸し出し、翌1939（昭和14）年には譲渡される。1940（昭和15）年に合併で南武鉄道に、1944（昭和19）年南武鉄道国有化で国鉄キハ2とキハ8となる。国鉄時代はあまり使われていなかったので、原形を保ったまま1951（昭和26）年に鹿島参宮鉄道に2両とも払い下げられ、国鉄気動車を意識してか車番はキハ42201とキハ42202となる。当初からの川崎KP、170psガソリンエンジンを払い下げ時にウォーケッシャGK145、165psガソリンエンジンに換装、1955（昭和30）年には三菱DB系ディーゼルエンジンに換装している。当初は茶色に黄色帯で、キハ42201が「そよかぜ」、キハ42202は「さざなみ」の円形のヘッドマークが取り付けられる。さらに国鉄気動車と同じ濃い青と窓まわりクリーム色、のちに国鉄気動車の塗装変更に合わせ、朱色にクリーム色に塗り替えられる。1965（昭和40）年に合併で関東鉄道鉾田線となるが、キハ42201は流線形の運転台を切妻に改造されキハ651に改番される。2両とも機械式気動車なので単行で使われていたが、1972（昭和47）年に三井芦別鉄道からのキハ710形や加越能鉄道からのキハ430形が入線すると活躍の場は減り、2両とも1976（昭和51）年に廃車された。
◎キハ42202　石岡
1962（昭和37）年4月21日

キハ42202旧塗装時代「さざなみ」ヘッドマークつき。
◎キハ42202　鉾田付近　1960（昭和35）年5月28日

江ノ島鎌倉観光

江ノ島島鎌倉観光(現・江ノ島電鉄)には玉川線廃止後にデハ80型が4両譲渡されている。

玉川線が廃止になった翌年の1970(昭和45)年にデハ80形87 〜 90の4両が譲渡され、江ノ島鎌倉観光デハ600形601 〜 604となった。経歴は、玉川電気鉄道デハ36号形から東京横浜電鉄へ合併、東京横浜電鉄成立時にデハ20形に改番。1953(昭和28)年にデハ20形を廃車・新造という形で鋼体化され、デハ80形になり江ノ島鎌倉観光へ譲渡される。
玉川電気鉄道デハ36号形デハ45→東京横浜電鉄デハ45→東京急行電鉄デハ20形デハ29「1953(昭和28)年鋼体化」デハ80形デハ104→1969(昭和44)年改番デハ87→江ノ島鎌倉観光デハ600形デハ601→江ノ島電鉄デハ601
玉川電気鉄道デハ36号形デハ38→東京横浜電鉄デハ38→東京急行電鉄デハ20形デハ22「1953(昭和28)年鋼体化」デハ80形デハ105→1969(昭和44)年改番デハ88→江ノ島鎌倉観光デハ600形デハ602→江ノ島電鉄デハ602→1988(昭和63)年改番デハ651
玉川電気鉄道デハ36号形デハ37→東京横浜電鉄デハ37→東京急行電鉄デハ20形デハ21「1953(昭和28)年鋼体化」デハ80形デハ106→1969(昭和44)年改番デハ89→江ノ島鎌倉観光デハ600形デハ603→江ノ島電鉄デハ603
玉川電気鉄道デハ36号形デハ39→東京横浜電鉄デハ39→東京急行電鉄デハ20形デハ23「1953(昭和28)年鋼体化」デハ80形

デハ107→1969（昭和44）年改番デハ90→江ノ島鎌倉観光デハ600形デハ604→江ノ島電鉄デハ604
玉川線廃止時に廃車の空番を詰める形で改番。デハ87〜90の4両は連結二人乗りの改造対象から外れたため、翌年江
ノ島鎌倉観光に譲渡される。江ノ電入りに際して、軌間の変更とそれに伴うモーター交換、2両編成化、ドアステップ
切り上げ、運転席拡大によるドアの移設、戸袋窓の変更等が行われ、のちに固定窓のHゴム化や前照灯移設等が行われる。
収容力の高さから多客時は重宝されたが、乗務員扉が無く運転扱いに難があるのと、連接車が主力となるなかで、連結
車の編成であることなどから、1981（昭和56）年に1000形が導入されると603＋604編成が、1990（平成2）年に2000形が導
入されると601＋651編成も運用を離脱した。デハ601は廃車後、世田谷線宮の坂駅に隣接する宮坂区民センターで静態
保存、デハ651の正面は「江ノ電もなか」を販売する扇屋さんで保存されている。
◎デハ601＋デハ602　江ノ島〜腰越　1980（昭和55）年1月16日

長崎電気軌道

長崎電気軌道には、玉川電気鉄道36号形(東急デハ20形)が箱根登山鉄道軌道線経由で譲渡された。車両が3台いた。

出自は玉川電気鉄道36号形デハ41〜43、東京横浜電鉄合併時は同車番で使われ、東京急行電鉄成立でデハ20形デハ25〜27となる。1945(昭和20)年から翌年にかけ箱根登山鉄道へ譲渡され、キキ20形25〜27となり、1952(昭和27)年の改番でモハ20形203〜205となる。1956(昭和31)年の小田原市内線廃止で余剰になるが、車体中央部で切り詰め車体長を11mにしたうえ鋼体化したのち、1957(昭和32)年に長崎電気軌道に譲渡され、150形153〜155となる。
◎153　長崎駅前　1964(昭和39)年3月16日

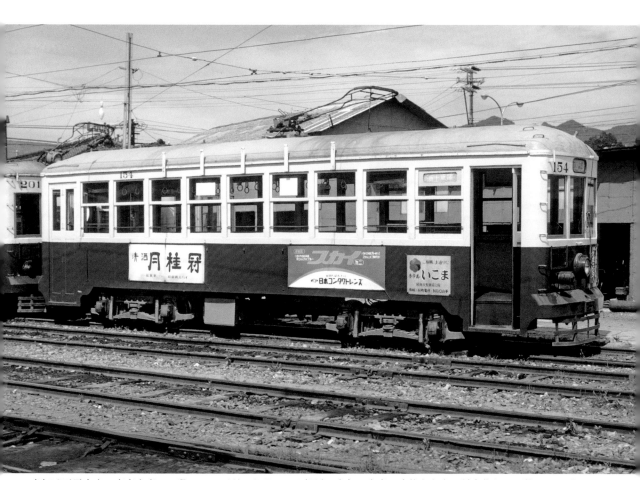

当初は玉電由来の高床台車で3段ステップだったが、1972（昭和47）年に台車の交換とともに低床化して2段ステップに改造されている。ワンマン改造はなされなかったので、1980年代に廃車となる。低床改造後の姿。
◎154　浦上車庫　1973（昭和48）年5月22日

J.Wally Higgins（ジェイ・ウォーリー・ヒギンズ）

　1927（昭和2）年、合衆国ニュージャージー州生まれ。父が勤めていたリーハイバレー鉄道（ニューヨークとバッファローを結ぶ運炭鉄道）の沿線に生家があり、母と一緒に汽車を眺めたのが鉄道趣味の始まりだった。

　大学卒業後、アメリカ空軍に入隊。1956（昭和31）年、駐留米軍軍属として来日、1年の任期後約2か月間で全国を旅し、日本の鉄道にはまってしまう。1958（昭和33）年、再来日。それ以降、全国の鉄道を撮りに出かけるようになる。1962（昭和37）年からは帰国する友人の仕事を引き継ぎ、国鉄国際部の仕事を手伝うようになり、現在もJR東日本の国際事業本部顧問を務める。

　氏は、鉄道の決めのポーズや形式写真には後々の保存性を考え大判の白黒フィルムを用いた。しかし、友人たちに伝える日本の風俗や風景（もちろん鉄道も含むが）のようなスナップ的な写真にはコダクロームを用いている。理由は、当時基地内で購入・現像できたので、一番安価だったとのこと。

　今回のシリーズは、それらカラーポジから首都圏の大手私鉄各社を抜き出したものである。

【写真解説】

安藤 功（あんどう いさお）

1963（昭和38）年生まれ。
NPO法人名古屋レール・アーカイブス理事。
国鉄最終日に国鉄線全線完乗。現在は全国の駅探訪を進め、残り数百駅ほど。

NPO法人名古屋レール・アーカイブス（略称NRA）

貴重な鉄道資料の散逸を防ぐとともに、鉄道の意義と歴史を正しく後世に伝えることを目的に、2005（平成17）年に名古屋市で設立。2006（平成18）年にNPO法人認証。所蔵資料の考証を経て報道機関や出版社、研究者などに提供するとともに、展示会の開催や原稿執筆などを積極的に行う。本書に掲載したヒギンズさんの写真は、すべてNRAで所蔵している。会員数40名、賛助会員1社（2022年6月現在）。

【執筆協力】

生田 誠（沿線案内図・地図の解説）

【校正】

加藤佳一

ヒギンズさんが撮った
東京急行電鉄
コダクロームで撮った1950〜70年代の沿線風景

発行日………………2022年7月5日　第1刷　※定価はカバーに表示してあります。

著者………………（写真）J.Wally Higgins　（解説）安藤 功
発行者………………春日俊一
発行所………………株式会社アルファベータブックス
　　　　　　　　　　〒102-0072　東京都千代田区飯田橋 2-14-5 定谷ビル
　　　　　　　　　　TEL. 03-3239-1850　FAX.03-3239-1851
　　　　　　　　　　https://alphabetabooks.com/

編集協力………………株式会社フォト・パブリッシング
デザイン・DTP………柏倉栄治
印刷・製本……………モリモト印刷株式会社

ISBN978-4-86598-884-0　C0026